RESILIENCIA

Voces de Mujeres Latinas Inmigrantes

Irene Martínez

RESILIENCIA

Voces de Mujeres Latinas Inmigrantes

Autora Irene Martínez

Nacida de padres inmigrantes, Irene Martínez creció en Huntington Park, California. Vivió en Mérida, Yucatán, México, durante un período de un año cuando tenía catorce años.

Esta experiencia inmigrante moldeó su vida y sus opciones de carrera, motivándola a ayudar a las mujeres inmigrantes y sus familias a tener éxito en los Estados Unidos.

Para contactar a la Autora, Irene Martínez:
irene.rmartinez@yahoo.com
www.irenemartinez.org

RESILIENCIA
Voces de Mujeres Latinas Inmigrantes

Publicado por #JEL
Jóvenes Escritores Latinos
Producido por: Miriam Burbano
info@editorialjel.org

Diseño y maquetación: Claudio Bruno
Traducción y edición: Alexander Estrada
Fotografía de la autora: Jessica Rincón

ISBN: 978-1-961083-09-7
Impreso en Estados Unidos

Para contactar a la autora Irene Martínez
Correo: irene.rmartinez@yahoo.com

DEDICATORIA

Dedicado a las innumerables mujeres inmigrantes que han emprendido el viaje hacia Estados Unidos en busca de una nueva vida y un futuro más prometedor. Siento una profunda gratitud hacia mi madre, Carmen, quien fue la primera de sus hermanos en dejar su ciudad natal, Tecuala, Nayarit, México, en la década de 1950. Con un corazón encogido por el sufrimiento, dejó atrás todo lo que había conocido, impulsada por un anhelo de esperanza y una vida digna. Escapando de la extrema pobreza, un matrimonio abusivo y un implacable ciclo de injusticia simplemente por su género, valientemente se aventuró en el camino. Al igual que ella, numerosas inmigrantes latinas han dicho adiós a sus tierras natales, familias y amistades. Si bien su viaje para adaptarse a la vida en los Estados Unidos ha estado lleno de desafíos, también ha generado transformaciones profundas en ellas.

El origen de este proyecto se deriva de años de trabajar de cerca con comunidades de inmigrantes que me han cautivado con sus historias. Su valentía inquebrantable ha sido una fuente inagotable de inspiración y su fuerza indomable me ha impulsado a emprender la autoría de este libro.

ÍNDICE

RESILIENCIA

DEDICATORIA....................7
AGRADECIMIENTOS....................11
PRÓLOGO....................13
RESILIENCIA....................15
VOZ DE LA COMUNIDAD: RESILIENCIA DE MUJERES
INMIGRANTES LATINAS....................23
TESTIMONIOS....................37
CARMEN RODRÍGUEZ PLASENCIA....................39
Tecuala, Nayarit, México
LIZA MARIE SERNA....................59
Copacabana, Medellín, Colombia
MERCY FLORES....................73
San José de Minas, Ecuador
MARGARITA CHÁVEZ....................83
Tangancícuaro, Michoacán, México
NELA REYES ARRUNATEGUI....................99
Trujillo, La Libertad, Perú
RUBÍ GALLARDO....................121
La Angostura, Guerrero, México
ELVIRA FERNÁNDEZ....................135
Cotija, Michoacán, México
CONCLUSIONES....................161

AGRADECIMIENTOS

Me gustaría expresar mi más profundo agradecimiento a mi esposo, Raúl Chávez, y a mi familia, quienes han sido inquebrantables en su apoyo a lo largo de mi trayectoria, abrazando y alentando mi compromiso de vivir la vida al máximo. A las mujeres extraordinarias que tuve el privilegio de conocer a través del Instituto Para La Mujer, más de 1,500 en total, quienes fueron la fuente de inspiración para este libro, mi gratitud no tiene límites. En 2018, nos embarcamos en un proyecto de investigación colaborativa, con 20 mujeres latinas inmigrantes como coinvestigadoras, adentrándonos en el tema de la resiliencia. Fue a través de esta experiencia que se encendió mi pasión por capturar los testimonios de mujeres que han vivido experiencias similares.

A Nela Reyes, Carolina Flores, Liza Serna, Mercy Flores, Margarita Chávez, Elvira Fernández, Rubí Gallardo, Ana Martínez y a tantos otros espíritus afines que han cruzado mi camino en momentos clave de mi vida, les extiendo mi más sincero agradecimiento. Juntas, hemos derramado lágrimas, compartido risas y experimentado tantos momentos de celebración como de angustia. De cada una de ustedes, hemos aprendido que incluso en los momentos más oscuros, un destello de luz espera al final de cada
túnel.

A todos ustedes, ¡gracias por ser esa guía, no solo para mí, sino para innumerables personas más que han sido tocadas por su presencia!

PRÓLOGO

Este libro recopila las historias de muchas mujeres extraordinarias con el poder de la transformación y el cambio positivo, de la solidaridad y el apoyo mutuo, incluso en las situaciones más complejas, como el de la inmigración.

Como hijo único de una madre soltera mexicana que trabajó día y noche para asegurar un techo, comida para ambos, encontré en estas páginas un tributo a todas las mujeres que han dejado su tierra natal en busca de una vida mejor. Sus historias son una celebración de su fuerza, su espíritu indomable y su capacidad de enfrentar cualquier desafío que se les presente.

En el corazón de cada página de este libro late una poderosa narrativa de resiliencia, esperanza y determinación. A través de sus relatos, descubrimos la complejidad de la experiencia migratoria y la riqueza cultural que estas mujeres llevan consigo a medida que cruzan fronteras y se enfrentan a la adversidad.

Pero, a pesar de todas las dificultades, estas mujeres se niegan a ser definidas por sus circunstancias. En cambio, encuentran la fortaleza para reconstruir sus vidas, abrazar su identidad cultural y luchar por un futuro mejor para ellas mismas y sus familias.

Las historias concuerdan, desafortunadamente, en esta innegable marca de violencia física, emocional y hasta económica de la que cada mujer tiene una historia que contar. Algunas han sufrido abusos por parte de sus parejas, han enfrentado problemas monetarios y han vivido en entornos donde la violencia de género es una realidad cotidiana. A pesar del machismo y sus consecuencias, encontraron un punto de apoyo y coraje para liberarse de la opresión y construir una vida mejor para ellas y sus hijos.

Su resiliencia es inspiradora. Han buscado apoyo en redes de mujeres, en grupos de apoyo y en organizaciones comunitarias para romper el ciclo de la violencia y encontrar la fuerza para reconstruir sus vidas. Han aprendido a establecer límites saludables, a defender sus derechos y a empoderarse a sí mismas y a otras mujeres.

Me gustaría expresar mi profundo agradecimiento a la autora Irene Martínez por permitirme escribir el prólogo de su libro "Resiliencia: Voces de Mujeres Inmigrantes Latinas". Es un honor y un privilegio poder formar parte de este proyecto. Agradezco a Irene por confiar en mí, y estar junto a estas historias poderosas y significativas. Su dedicación y compromiso con esta obra son admirables. Espero que este libro inspire a muchas y genere un impacto positivo en la lucha contra la violencia de género y la búsqueda de la igualdad.

Alexander E. Ramírez

RESILIENCIA

La resiliencia se define a veces como la capacidad de recuperarse, o adaptarse a la adversidad o al cambio. Es la capacidad de surgir aún más fuerte de los contratiempos o traumas de la vida. Esta resiliencia está dentro de cada uno de nosotros debido a nuestra experiencia humana. La resiliencia es lo que mejor caracteriza a las mujeres que he conocido en mi carrera en el sector sin fines de lucro. Con una trayectoria profesional que abarca varias décadas, he trabajado con miles de familias inmigrantes. Esta valiosa experiencia abrió mis ojos a las realidades que enfrentan al venir a Estados Unidos en busca de una vida mejor. No solo llegar es un desafío para muchos, sino que adaptarse a un nuevo país es un proceso complejo. A pesar de esto, cada persona inmigrante que he conocido no tiene arrepentimientos de haber hecho de California su nuevo hogar. Su viaje tuvo un lugar, un tiempo y una razón que ha cautivado mi interés.

Los testimonios orales presentados en este libro reflejan a un grupo diverso de mujeres de diferentes orígenes y regiones. Cada una de estas mujeres extraordinarias ha demostrado un coraje inmenso en su búsqueda de vivir en California. Algunas ya han comenzado a ver los frutos de su trabajo y sus dificultades a medida que sus hijos adultos alcanzan un éxito notable. Se enorgullecen de celebrar a sus hijos, quienes en muchos casos han obtenido títulos universitarios y están labrando su propio camino en la vida.

Tomé la decisión deliberada de presentar sus historias de inmigración en sus propias palabras, traduciendo fielmente sus narrativas para este libro. No podría pensar en una forma más auténtica de capturar la alegría profunda que experimenté al presenciar una pequeña parte de sus viajes extraordinarios. Estas mujeres han triunfado sobre sus miedos y adversidades para alcanzar sus metas, encarnando la esencia misma de la resiliencia a través de sus enfoques únicos de la vida. Me siento profundamente honrada de haber cruzado camino con ellas.

Originalmente, tenía la intención de escribir un libro sobre el autocuidado. Sin embargo, ese concepto tardó quince años en madurar y evolucionar hasta convertirse en la presente publicación sobre la resiliencia. A medida que te sumerjas en las páginas de este libro, comprenderás por qué su concreción llevó tanto tiempo. A lo largo de mi carrera, mis elecciones profesionales me han guiado constantemente hacia la ayuda a los demás, especialmente a las familias inmigrantes.

De todos los años que he dedicado a mi carrera, ninguno me ha traído mayor satisfacción que mi participación en el Instituto Para La Mujer (IPLM - Instituto para la Mujer). El establecimiento de esta organización nació de un profundo deseo de ayudar a las mujeres a alcanzar una vida más feliz y plena. En la cúspide de mi éxito como ejecutiva destacada, la vida dio un giro inesperado. En medio de mi papel como líder exitosa dentro de una organización sin fines de lucro, rodeada de multitudes de personas, mi mundo se derrumbó. Me encontré enfrentando una experiencia que cambiaría mi vida: un divorcio inminente y una serie de condiciones que ponían en peligro mi vida y que me llevaron a pasar diez días desafiantes en el hospital. Convocando cada pizca de fuerza dentro de mí, emprendí un viaje de recuperación, buscando reencontrar el equilibrio en mi vida. Ese año de sanación y renovación me enseñó lecciones invaluables sobre mí misma, proyectando luz sobre mis vulnerabilidades y la profunda necesidad de sanar.

Durante ese año transformador, abracé el poder de decir "no". Esto implicaba no solo establecer límites con los demás y liberarme de ciertas responsabilidades, sino también decir "no" a mí misma. Mientras me sumergía en una profunda introspección, reconocí que esta era la única manera de bajarme de la montaña rusa implacable que había consumido mi existencia. A lo largo de mi vida me desempeñé incansablemente, impulsada por una necesidad incesante de demostrarme a los demás. Sin embargo, esa carrera perpetua casi me cuesta la vida. Fue durante este período crucial de reflexión que me di cuenta de que en realidad no sabía quién era ni el tipo de vida que realmente deseaba llevar. Sentía como si el universo me hubiera brindado una segunda oportunidad, una oportunidad para comenzar de nuevo con un propósito firme y restaurar el equilibrio en las facetas descuidadas de mi existencia.

Al ser la hija mayor de padres que luchaban contra el alcoholismo, durante mucho tiempo me enfoqué en la búsqueda de logros externos, creyendo erróneamente que el éxito material y el reconocimiento validarían mi propia percepción como persona. Ahora, había llegado el momento de liberarme de esa trampa autoimpuesta y abrazar la vida que todos merecemos inherentemente. A lo largo de mi proceso de recuperación, las circunstancias me obligaron a dejar de trabajar, una actividad que había consumido mi vida desde los doce años. Inmersa en una profunda introspección, me adentré en los recovecos de mis pensamientos y emociones durante los momentos de profundo silencio. En lugar de asumir arrogantemente que tenía todas las respuestas, comencé a implorar a Dios por orientación, reconociendo humildemente mi necesidad de sabiduría divina.

Y luego, un día, mientras estaba sentada al borde de mi cama, un momento de claridad sorprendente me invadió. Una voz interna resonó dentro de mí, instándome a compartir no solo el conocimiento que había adquirido, sino, lo que es más importante, un mensaje de esperanza que otros anhelan en tiempos de adversidad. Me di cuenta de que el regalo más grande que podía ofrecer no era la acumulación de sabiduría, sino un faro de esperanza para aquellos que enfrentan sus propias pruebas y tribulaciones.

Inicialmente, mi intención era escribir un libro con el objetivo de crear conciencia sobre la necesidad indispensable del autocuidado. Impulsada por mis experiencias personales de superar traumas profundos y enfrentar cambios significativos en la vida, creía que este mensaje era de suma importancia. Sin embargo, en lugar de embarcarme en la ardua tarea de escribir un libro, opté por grabar un CD de audio titulado "Éxito y Abundancia para Mujeres". Este CD contenía un hermoso mensaje acompañado de una guía sencilla de 10 pasos para el autocuidado. Llena de entusiasmo por difundir esta valiosa información entre mis compañeras mujeres, distribuí los CD de forma gratuita, sin anticipar la notable respuesta que se produciría.

La recepción del CD superó mis expectativas, lo que resultó en numerosas invitaciones para llevar a cabo seminarios y talleres. Lo que comenzó como un esfuerzo aparentemente simple, con rapidez se convirtió en un proyecto de una década en colaboración con el Instituto

Para La Mujer. ¡El desarrollo de los acontecimientos ocurrió tan deprisa y de manera tan fluida que me dejó asombrada!

En poco tiempo, mujeres inmigrantes que se identificaron profundamente con el mensaje comenzaron a acudir en masa a mis clases. El proyecto ganó impulso a través de la poderosa herramienta del boca a boca, ya que las participantes compartieron con entusiasmo sus experiencias transformadoras con otras personas. Nuestras sesiones abordaron varios aspectos del crecimiento personal, incluyendo cómo establecer metas, gestión del tiempo, habilidades de comunicación, desarrollo de talentos y habilidades, emprendimiento y presupuesto. Estas habilidades prácticas para la vida se enriquecieron aún más mediante discusiones grupales, que se nutrieron con las perspectivas culturales únicas derivadas de las experiencias de las mujeres inmigrantes. La formación de grupos de apoyo surgió como el corazón y el alma del programa, brindando un entorno de apoyo mutuo y crecimiento.

El impacto del Instituto Para La Mujer (IPLM) se expandió más allá de mis expectativas iniciales. Fuimos invitados a escuelas, preescolares y centros comunitarios en varias ciudades de California, atrayendo, participantes de diversos contextos sociales. Observar la creciente presencia de estos grupos me llenó de un profundo sentido de humildad. En ese momento, no me di cuenta de que las lecciones aprendidas de esta extraordinaria convivencia enriquecerían profundamente mi propia vida, superando cualquier cosa que hubiera podido imaginar. En lugar de asumir el papel de la única maestra, humildemente asumí la posición de una estudiante de por vida, absorbiendo con entusiasmo las dificultades enfrentadas y la inmensa valentía mostrada por cada mujer que cruzaba mi camino.

El Instituto Para La Mujer (IPLM) inició sus cursos de formación en el Centro de Justicia Familiar del Condado de Orange en Anaheim en 2010. Este centro es un recurso crucial para las personas que han sufrido abuso, ya que brinda asistencia para obtener órdenes de restricción, ofreciendo ayuda legal en asuntos de custodia de menores y conectando a los sobrevivientes con otros servicios de apoyo para la violencia doméstica. En ese momento, el condado se enfrentaba a importantes desafíos, como altas tasas de desempleo y una crisis en el mercado de viviendas.

Durante su primer año de operación, el IPLM obtuvo patrocinio fiscal de Community Partners, Inc. y recibió financiamiento de United Way del Condado de Orange como un proyecto sin fines de lucro. La misión principal del IPLM es romper el ciclo de pobreza y violencia que prevalece en las comunidades de bajos ingresos de inmigrantes latinos. Desde su inicio en 2010, el IPLM ha brindado cursos a más de 1,500 mujeres latinas inmigrantes, siendo la mayoría de las participantes provenientes de la ciudad de Anaheim. Casi todas las mujeres atendidas por el IPLM reportaron tener hijos o estar en edad fértil.

El perfil de las participantes del IPLM revela una cruda realidad de extrema pobreza, con una gran mayoría (85%) viviendo en hogares con ingresos anuales inferiores a los $25,000. El costo exorbitante de la vivienda en el condado agrava aún más sus dificultades, lo que hace extremadamente difícil que las familias se sostengan con ingresos tan escasos. Muchas mujeres y sus hijos se ven obligados a compartir apartamentos con varias familias o a vivir con parientes para llegar a fin de mes. La lucha diaria por la estabilidad económica representa una carga tremenda en sus roles de madres, intensificando los desafíos que enfrentan.

Irene Martínez

VOZ DE LA COMUNIDAD: RESILIENCIA DE MUJERES INMIGRANTES LATINAS

Después de años de interactuar con numerosas mujeres y escuchar sus relatos extraordinarios, comencé a discernir patrones recurrentes y me volví cada vez más curiosa sobre el contexto histórico de las mujeres inmigrantes latinas. Se hizo evidente que había valores y creencias arraigados en su herencia cultural que marcaban significativamente las elecciones que estas mujeres hacían.

Durante mis estudios académicos, me sumergí en la historia de la colonización y el trauma posterior infligido a los pueblos colonizados de las Américas. Se hizo evidente que los países dentro de las comunidades latinoamericanas habían sufrido pérdidas profundas, lo que resultó en un legado de dificultades que continúa resonando hasta hoy. Los impactos devastadores de la colonización y sus secuelas han llevado a las personas a desarrollar mecanismos de adaptación para navegar las duras realidades a las que se enfrentan.

Al reconocer estos fundamentos históricos y culturales, adquirí una comprensión más profunda de la resiliencia demostrada por las mujeres inmigrantes latinas. Su capacidad para enfrentar la adversidad y forjar caminos de fuerza y supervivencia se basa en una rica historia que se entrelaza con sus experiencias actuales. Darme cuenta de ello alimentó aún más mi compromiso mostrar más sus historias y honrar sus trayectorias en las páginas de este libro.

En 2014, tomé la decisión de continuar mi educación y profundizar mi comprensión de la historia y las experiencias de las mujeres inmigrantes latinas. Me inscribí en la Universidad del Sur de California (USC) y me embarqué en un proyecto de investigación que se alineaba con mis intereses y objetivos. Era crucial para mí explorar cómo las mujeres inmigrantes navegan y se enfrentan a las adversidades que encuentran en sus vidas.

Para este proyecto de investigación colaboré con veinte coinvestigadoras que habían sido participantes previas del Instituto Para La Mujer. Estas mujeres tenían diversos orígenes y habían emigrado a California en diferentes momentos. Empleamos la Metodología Fotovoz, que consistió en que las miembros de la comunidad tomaran fotografías que tuvieran un significado personal para ellas y compartieran estas imágenes dentro del grupo. A través de discusiones colectivas, exploramos los significados e implicaciones de estas fotos en relación con la resiliencia y la experiencia migrante.

A lo largo de un año, nuestras investigaciones tuvieron como objetivo descubrir las fuentes de fortaleza de las cuales las mujeres se valen para superar los desafíos culturales y económicos asociados con la adaptación en un país extranjero. Los hallazgos de nuestro proyecto de investigación sirven como un marco contextual que complementa las historias orales presentadas posteriormente en este libro. Proporcionan ideas valiosas sobre las experiencias de las mujeres inmigrantes latinas y las claves sobre los diversos factores que contribuyen a su resiliencia y su capacidad para navegar las complejidades de sus vidas.

Hallazgos de la investigación

Todas las participantes del grupo estuvieron de acuerdo en que adaptarse a otra cultura es un proceso lento y doloroso en el que la autoestima sufre. Los factores que las motivaron a superar estos desafíos fueron: 1) ser un ejemplo para sus hijos; 2) construir un nuevo futuro para ellas mismas y sus hijos; y 3) mantener la unidad familiar. Las mujeres resaltaron frecuentemente la importancia de enseñar a sus hijos sobre su herencia, celebraciones culturales y valores de respeto y amor por la familia. En estos diálogos, se les preguntó a las mujeres: "¿de dónde obtienes fuerzas?". Sus respuestas fueron las siguientes:

Con el Amor de la Familia – La comunicación familiar a través de las fronteras es una fuente vital de apoyo para las mujeres inmigrantes latinas al enfrentar situaciones difíciles en sus vidas. Los avances recientes en tecnología han permitido mantener una mayor conexión a través de plataformas de redes sociales.

Aprender sobre Otras Culturas – Aprender el idioma, la música y las oportunidades sociales fuera de su cultura latina es útil para la adaptación.

Con Recuerdos de mi Infancia – Los recuerdos de la infancia son recordatorios de amor y lucha, así como de la fuerza inherente en las mujeres.

Por ser un Ejemplo – Las madres están motivadas por el deseo de ser un ejemplo para sus hijos.

Construir un Nuevo Futuro para mi Hija – Una fuente importante de fortaleza es el deseo de construir un futuro mejor para sus hijos, para que no experimenten dificultades similares.

Celebrar en Familia – Las reuniones familiares y las celebraciones ofrecen apoyo, tranquilidad y motivación para salir adelante.

Fuerza Interna – Las mujeres se apoyan en su fortaleza interna y en la fortaleza de sus padres.

Reforzando la fe – La fe es una valiosa fuente de fortaleza para todas las mujeres, independientemente de si son devotas a alguna iglesia. La fe les ayuda a mantener la esperanza en el futuro durante las dificultades.

Celebrando Tradiciones Antiguas – Las celebraciones y tradiciones del país de origen son oportunidades para encuentros comunitarios con otros inmigrantes. Estos eventos generan recuerdos significativos de la infancia que refuerzan la unidad familiar.

Amistades – Un círculo amplio de amigos es una fuente crucial de apoyo para los inmigrantes en la adaptación cultural y en las dificultades.

Celebraciones de Danzas Folklóricas – Las celebraciones, que incluyen danzas aztecas y bailes folklóricos de su tierra natal, despiertan sentimientos emocionales de orgullo y alegría, elevando su autoestima.

Adoptarse en un País Nuevo – Una vez que las mujeres deciden quedarse en los Estados Unidos, dicen que han adoptado un nuevo país y encuentran fuerza en saber que permanecerán aquí.

Afrontar los Retos del Futuro

Superando los Desafíos Económicos - Las mujeres en Estados Unidos emplearon diversas actividades económicas creativas para sustentarse, aprovechando sus talentos y habilidades. La tarea desalentadora de mantener a sus familias en un país costoso resultó ser un obstáculo significativo para las mujeres que se encontraban separadas de sus esposos. Incluso entre las mujeres casadas, contribuir al ingreso del hogar era frecuentemente necesario. Como forma de abordar estos desafíos, las mujeres recurrieron al emprendimiento, participando en una amplia gama de proyectos como la venta de accesorios para mujeres, cuidado de niños, servicio de catering de tacos o en foodtrucks, e importación de productos hechos a mano. Para las mujeres inmigrantes latinas, el emprendimiento tenía un significado más allá de su valor económico. Servía como un poderoso motivador para el automejoramiento, inculcando habilidades organizativas, fortaleciendo la autoestima y cultivando una red expansiva de apoyo social que se extendía más allá de los asuntos comerciales a diversos aspectos de sus vidas.

Redes Sociales - Las redes sociales más importantes para las mujeres inmigrantes latinas incluían a familiares, amigos, conocidos, comunidades religiosas y grupos de apoyo para la mujer. Estos temas surgieron durante los debates sobre los sistemas de apoyo que tenían importancia para las mujeres inmigrantes latinas. Otros subtemas incluían comparaciones entre las experiencias de envejecimiento en Estados Unidos y en los países latinoamericanos, el uso de la tecnología para mantener las conexiones con la familia y los amigos en su país de origen, el papel de los hijos como fuerza motriz para el progreso personal y el potencial transformador del espíritu empresarial como vehículo para el desarrollo personal.

Familia, Amigos y Conocidos - Si bien se reconoció que la familia es un sistema de apoyo clave, las mujeres también reconocieron que cuando los miembros de la familia desaprobaban su decisión de abandonar una relación abusiva, retiraban su apoyo. De manera similar, algunos amigos mostraban un comportamiento similar, especialmente cuando las mujeres pasaban de tener un estado civil de casadas a ser madres solteras. En esos casos, las mujeres a menudo se encontraban excluidas de invitaciones a fiestas y otros eventos comunitarios por parte de sus antiguos amigos.

Otro aspecto significativo de la amistad es que los amigos pueden tomar partido por el perpetrador de la violencia, lo que lleva a las mujeres a alejarse de los viejos amigos para evitar encontrarse con el agresor. Sin embargo, contar con una o dos personas dentro de su círculo familiar, de amigos o conocidos resultó fundamental para ayudar a las mujeres a superar sentimientos de aislamiento e impotencia. Mantener conexiones familiares importantes con seres queridos en su país de origen tuvo una importancia particular para las mujeres mientras navegaban el proceso de adaptarse a un nuevo país y enfrentaban diversos desafíos en la vida.

Tecnología - La tecnología desempeña un papel fundamental en mantener relaciones de apoyo a larga distancia en las que dependen las mujeres inmigrantes latinas. El periodo en Estados Unidos es un factor crítico en la expansión de sus redes sociales, y tiene razón en las amistades y conocidos, en el trabajo o en la comunidad.

Fe/Creencias Espirituales - La fe y las creencias espirituales de las mujeres brindaron otra forma de apoyo. Si bien no todas las mujeres mencionaron pertenecer a una iglesia específica, enfatizaron la importancia de la fe como un recurso personal en momentos complicados. Esta fe infundió un sentido de compañerismo, les aseguró que no estaban solas y ayudó a mantener la esperanza frente a circunstancias difíciles o desconocidas. Las mujeres que participaron activamente en las actividades de la iglesia encontraron oportunidades para socializar con otros miembros de la iglesia y ser parte de instituciones que involucraban a otras mujeres y familias.

Las festividades religiosas y costumbres de su país de origen tenían un significado compartido entre las mujeres. Celebraciones como Nuestra Señora de Guadalupe, que reunían a las familias en México, seguían siendo importantes incluso cuando se celebraban en Estados Unidos. Estas festividades no se veían simplemente como eventos religiosos, sino como reuniones comunitarias significativas que evocaban recuerdos queridos de su infancia. Una mujer las describió acertadamente como "momentos de paraíso temporal" en medio de los numerosos desafíos que enfrentaban. Asistir a estas festividades les permitía revivir sus propias experiencias de la infancia mientras transmitían estas tradiciones a sus hijos, asegurando así la preservación del patrimonio cultural.

Grupos de Apoyo para Mujeres - Los grupos de apoyo para mujeres fueron identificados como redes de apoyo social muy importantes para las mujeres inmigrantes latinas. Si bien muchas participantes de estos grupos habían presenciado o experimentado violencia de pareja, los grupos no se definían únicamente como apoyo para víctimas de violencia. En cambio, valoraban a cada miembro como una persona única que merecía respeto y apoyo. Las sesiones grupales fomentaban un sentido de pertenencia y aceptación, brindando a las mujeres influencias positivas para su crecimiento y desarrollo personal. Los grupos de apoyo para mujeres latinas servían como fuente de motivación, permitiendo a las mujeres reconocer y apreciar la fuerza y el valor inherentes en las demás. La participación en estos grupos condujo a un aumento de la autoestima y la autoeficacia entre las mujeres involucradas. Estos espacios seguros permitían a las mujeres explorar sus ideas, discutir sus temores y vislumbrar un futuro mejor para sí mismas, expresaron un sentimiento de liberación y libertad al abordar temas específicos de género que podrían no ser aceptados o discutidos abiertamente en otros círculos sociales debido a las normas sociales predominantes, las visiones patriarcales o las estructuras de la sociedad.

El grupo de apoyo proporciona una plataforma para que las mujeres se desafíen y se apoyen mutuamente. Para muchas participantes, esta es su primera experiencia en un grupo de mujeres fuera de la escuela de sus hijos o la iglesia. El grupo de mujeres ofrece una ventaja única como un espacio cultural donde pueden discutir libremente los problemas que son significativos en su vida diaria. Un sentimiento común expresado por el grupo es que las mujeres a menudo destinan poco tiempo para participar en actividades grupales específicas de género porque generalmente están ocupadas con responsabilidades de cuidado de otros. Sin embargo, las participantes compartieron que ser parte del ambiente grupal les ayudaba a sentirse apoyadas, bienvenidas y valoradas. Contribuía a un aumento de su autoestima y proporcionaba inspiración para una visión de vida más amplia y expansiva.

Perspectivas en el Feminismo - Las mujeres del grupo de apoyo pueden no identificarse explícitamente como feministas, pero rechazan asumir la opresión o el abuso. Cuando se les pregunta sobre su comprensión del feminismo, tienen perspectivas diversas. Por ejemplo, dos mujeres describen a las feministas como personas que abogan por los derechos de otras mujeres. Aunque no se autodenominan feministas, han compartido sus testimonios como sobrevivientes de violencia doméstica, abogando, activamente, por los derechos de las mujeres. Sin embargo, creen que su papel se centra más en la comunidad que en el ámbito de las políticas, por lo que dudan en abrazar la etiqueta feminista.

En las experiencias de otras dos mujeres, definen a una feminista como alguien que logra el éxito basado en sus propias habilidades y no depende de un hombre. Una de ellas reconoce una identificación fluctuante como feminista, a veces priorizando la resolución de conflictos en el hogar sobre la búsqueda de sus metas personales. Por otro lado, otra mujer expresa que no se siente como feminista en Estados Unidos debido a su dependencia de su esposo, atribuyéndolo más a sus limitadas habilidades en el idioma inglés que a su estado civil.

Estas perspectivas variadas dentro del grupo de apoyo demuestran que, aunque no adopten universalmente la etiqueta feminista, las mujeres comparten una resistencia común a la opresión y un deseo de autonomía personal y empoderamiento.

Las mujeres dentro de la cultura latina reconocen la existencia de la dominación masculina como una construcción social aceptada. Esta dominación se vuelve problemática cuando obstaculiza el derecho de una mujer a ser autónoma. Cuando las mujeres pierden sus derechos fundamentales de expresión propia, su poder disminuye y experimentan desigualdad en sus relaciones. El concepto de feminismo, en este contexto, va más allá de la autoidentificación y se trata más de desafiar la cultura dominada por los hombres. Para las mujeres entrevistadas, su sentido de empoderamiento se basaba en verse reflejadas en otras mujeres y en la experiencia compartida de opresión dentro del grupo. Si bien es posible que no abracen la etiqueta de “feminista”, su capacidad para analizar sus experiencias de manera crítica dentro de un marco feminista ayudó a resaltar sus experiencias de abuso de desigualdad.

Para las mujeres inmigrantes latinas, la lucha por equilibrar los valores patriarcales tradicionales de su país de origen y el deseo de independencia en Estados Unidos da lugar a problemas sistémicos de opresión. Las relaciones abusivas a menudo obligan a las mujeres a abandonar sus hogares y comunidades, lo que conlleva numerosas dificultades y las impulsa a reflexionar sobre su condición como mujeres. A lo largo del proceso de investigación, estas mujeres emprendieron un viaje de autodescubrimiento, examinando su propio comportamiento en busca de aprobación y cuestionando las condiciones sociales que les afectan.

Las mujeres inmigrantes latinas en este estudio han expresado un fuerte sentido de orgullo en su identidad como latinas, reconociendo la singularidad de sus experiencias culturales e inmigrantes, que han moldeado profundamente sus perspectivas como mujeres. Si bien aún valoran la unidad familiar, el respeto y la fe, ahora albergan un renovado anhelo de educación, independencia y libertad frente al abuso. Sus experiencias han destacado la compleja intersección entre el patrimonio cultural, el crecimiento personal y la búsqueda de la igualdad en sus vidas.

Saber que no están solas y que otras han pasado por experiencias similares, aunque únicas, tiene un profundo poder curativo para estas mujeres. La cultura juega un papel vital en dar forma a la efectividad de la experiencia grupal. Las mujeres inmigrantes latinas se enfrentan al desafío de adaptarse a un nuevo país mientras se esfuerzan por preservar los valores que aprecian en beneficio de sus hijos. Cada día, se vuelven más resilientes, sacando fuerzas de su fe y esperanza en el futuro de sus hijos. En su valiente búsqueda de superar los obstáculos diarios, enfrentan sus miedos personales y demuestran una determinación inquebrantable.

Las mujeres que han participado en cursos en el Instituto Para La Mujer encuentran un sentido de pertenencia dentro de los grupos de apoyo para mujeres y emprenden un nuevo camino en su viaje de vida, en busca de paz y dignidad. Muchas de estas mujeres han pasado por experiencias difíciles llenas de engaños, abusos y generaciones de violencia. Sin embargo, aún mantienen valores fundamentales de respeto, familia y esperanza en el futuro. Tomar una postura contra la opresión les permite descubrirse a sí mismas por primera vez, lo cual puede ser inicialmente una experiencia abrumadora y desafiante.

En el ambiente de apoyo de los grupos de mujeres, ellas experimentan una transformación durante semanas o incluso años de participación. El cambio es evidente no solo en su comportamiento, sino también en su forma de caminar y hablar, a medida que adquieren autoconciencia y un sentido de valía personal. Gradualmente, se encuentran riendo con otras mujeres y haciendo planes para su futuro. Dentro de estos grupos, aprenden sobre los recursos comunitarios disponibles, comparten ideas y resuelven problemas de forma colectiva. Cada sesión concluye con un círculo de cierre, donde las mujeres expresan lo que se llevan del grupo y lo que dejan atrás para los demás. Ninguna mujer abandona el grupo sintiéndose vacía; en cambio, el proceso grupal les enseña a construir conexiones y fomentar nuevas relaciones comunitarias que contribuyen a su camino hacia la autorrealización.

El Viaje del Autodescubrimiento

A lo largo de un año, nos embarcamos en un proceso deliberado y a menudo desafiante de autodescubrimiento en nuestra investigación. Este viaje nos ha permitido obtener una visión profunda de las realidades sociales a las que se enfrentan las mujeres inmigrantes latinas en el Condado de Orange. En este proceso, ellas han surgido como líderes, alzándose valientemente contra la violencia y la opresión. Algunas incluso han trascendido la pobreza y han alcanzado un nivel de prosperidad a través del espíritu empresarial que nunca creyeron posible.

Las transformaciones personales experimentadas por estas mujeres se han convertido en la fuerza motriz de sus nuevas visiones para familias y comunidades. Reconocen la importancia de enseñar a sus hijos su herencia e inculcarles valores de respeto y amor a la familia. Sus principales objetivos giran en torno a ser modelos positivos para sus hijos, construir un futuro mejor para ellas y sus familias, y preservar la unidad familiar.

La resistencia y determinación que demuestran las mujeres inmigrantes latinas en su lucha son realmente inspiradoras. Están forjando activamente sus propios destinos al tiempo que trabajan para mejorar sus comunidades. Gracias a su fuerza, perseverancia y compromiso con sus valores culturales, estas mujeres están haciendo importantes contribuciones a la sociedad y dejando un impacto duradero en las generaciones futuras.

Resiliencia

TESTIMONIOS

En este libro sobre la resiliencia es probable que descubras una experiencia o un valor compartido que resuene con tu propia vida. Mi intención es que te des cuenta de las similitudes que compartimos como mujeres y como seres humanos. La vida no es un viaje sencillo, sino más bien uno lleno de giros y vueltas que nos desafían a crecer. A pesar de nuestras diversas culturas y tradiciones, como mujeres, mantenemos la esperanza en la humanidad y nos embarcamos en viajes significativos durante nuestra estancia en esta tierra.

Nuestros caminos pueden cambiar inesperadamente y enfrentarnos a numerosos retos en el camino. Sin embargo, no olvidemos que tenemos la fuerza para superar estos obstáculos, sabiendo que siempre hay luz al final del túnel. Es en los momentos más oscuros cuando a menudo encontramos el valor y la resistencia que no sabíamos que existían en nuestro interior. El verdadero triunfo reside en nuestra capacidad para levantarnos de nuevo después de caer y continuar el extraordinario viaje que estamos destinados a emprender en esta vida.

Resiliencia

CARMEN RODRÍGUEZ PLASENCIA

Tecuala, Nayarit, México

"Tecuala" es la adaptación castellana de la palabra Tecuellan, que significa *"lugar de muchos animales salvajes"*.

Tecuala es a la vez municipio y ciudad del estado mexicano de Nayarit, en la costa del Pacífico. La población del municipio era de 42.237 habitantes en una superficie total de 1,137 km2 (2000), mientras que la población de la ciudad y cabecera municipal era de 14.584 habitantes (2000). Aquí se encuentra una de las playas más largas del mundo, Playa Novillero. (Wikipedia).

Carmen Rodríguez, cariñosamente conocida como "Carmelita", fue mi madre y es a ella a quien dedico el primer testimonio en este libro. Su vida fue truncada trágicamente a los 60 años, cuando yo solo tenía 27 años. Sin embargo, los recuerdos que tengo de ella son queridos y profundamente valorados.

Puedo recordar vívidamente los momentos que pasé con ella, sentadas en una mecedora, mientras compartía historias cautivadoras de su pueblo natal y su infancia. A pesar de la brevedad de su vida, enfrentó y superó numerosas adversidades, todo en busca de construir una vida mejor para ella y sus seres queridos. Ella fue una fuente de fortaleza e inspiración.

Guardo con cariño la imagen de mi madre, especialmente cuando se tomaba el tiempo para arreglarse el cabello y ponerse su lápiz labial rojo. En esos momentos, irradiaba belleza y confianza, encarnando un espíritu que trascendía sus circunstancias.

Al escribir este libro, honro la memoria de mi madre y el profundo impacto que tuvo en mi vida. Su resiliencia y determinación continúan guiándome, y a través de este trabajo, espero transmitir la fuerza y el poder que reside en cada uno de nosotros, tal como ella demostró a lo largo de su vida.

Mi madre tenía un amor innegable por los colores vibrantes, y esto se evidenciaba en su colorido jardín, donde ella y mi padre cuidaban diligentemente sus amadas rosas, claveles y gladiolos. Los aromas fragantes que se desprendían de su cocina mientras cocinaba y su meticulosa atención a nuestras comidas diarias permanecen grabados en mi memoria. Nuestra cuerda de tender la ropa, adornada con prendas blancas recién lavadas, brillaba bajo el sol mientras colgaban para secarse cada día.

Aunque no era una persona extrovertida, mi madre poseía una fuerza tranquila. Era una oyente y observadora perspicaz, y cuando elegía hablar, sus palabras tenían peso y capturaban la atención de los demás. Su integridad era inquebrantable, y si decía "no", era una respuesta definitiva. Entre sus muchas cualidades admirables, la que más valoro es su generosidad ilimitada y empatía hacia los demás. También, respeto profundamente su capacidad de ganarse el respeto sin necesidad de elevar la voz.

Al reflexionar sobre la vida de mi madre, me lleno de admiración por la forma en que vivió y los valores que encarnaba. Era un pilar de fuerza y compasión, dejando una impresión indeleble en todos los que tuvieron el privilegio de conocerla. Al escribir este libro, aspiro a honrar su legado y compartir las valiosas lecciones que aprendí de su notable carácter.

Nuestra casa se convirtió en un santuario para los inmigrantes que llegaron a Estados Unidos desde el pueblo natal de mi madre, Tecuala, Nayarit. Ella brindó apoyo a aquellos que buscaban construir una nueva vida en esta tierra extranjera. Cuando los visitantes ingresaban a nuestro hogar, eran recibidos con comodidad, aliento y una deliciosa comida. El impacto de su amabilidad y hospitalidad fue evidente cuando, tras su fallecimiento, cientos de personas acudieron al cementerio, causando un tráfico enorme. Fue una experiencia gratificante escuchar sus palabras de gratitud hacia mi madre.

Su funeral fue un testimonio del profundo impacto que tuvo en los demás. Se realizaron dos velorios en su honor, uno en Huntington Park, California, y otro en

Tecuala, Nayarit, México. Ambos estaban abarrotados de dolientes que vinieron a rendir homenaje a mi madre. Su muerte repentina e inesperada dificultó aceptar la realidad de la pérdida. Fue mi primer encuentro con la muerte, y la realización de que nada volvería a ser igual sin ella, me golpeó con fuerza. Añoraba nuestras largas conversaciones y el apoyo reconfortante que ella brindaba sin esfuerzo, incluso en momentos de silencio.

Al mirar hacia atrás, reconozco que mi madre nunca se asimiló por completo a este país. En cambio, fue un puente entre dos mundos, llevando consigo la esencia de su herencia dondequiera que fuera. Inspiraba un inmenso respeto entre sus hermanos, ya que constantemente buscaba sacar lo mejor de ellos y hacer sus vidas más fáciles. Su presencia servía como un recordatorio de unidad y devoción familiar.

Los recuerdos de mi madre y el impacto que tuvo en los demás permanecerán para siempre conmigo. Al escribir este libro, rindo homenaje a su espíritu notable y las lecciones que impartió. Ella ejemplificaba el poder de la compasión, generosidad y la capacidad de trascender las barreras culturales. A través de compartir su historia, espero honrar su legado e inspirar a otros a abrazar su propia capacidad para la bondad y empatía.

Siempre he sentido un vínculo con México porque mi madre insistía en que nunca olvidáramos de dónde venimos. Su visión del mundo enfatizaba nuestra deuda con las generaciones que nos precedieron. Asumir dos culturas muy diferentes a veces representaba un desafío mientras navegábamos por su insistencia en hablar español en casa y mantenernos conectados con nuestras raíces. El español era el único idioma hablado en nuestro hogar y se nos prohibía mezclarlo con el inglés durante las conversaciones. Escuchábamos música en español y celebrábamos todas las festividades tradicionales y la gastronomía de su tierra natal. En el vecindario donde crecí, éramos la única familia que hablaba español o disfrutaba de tortillas caseras en la cena. Esto me hacía sentir peculiar, especialmente durante la década de 1960, cuando la población mexicana en Huntington Park constituía una pequeña minoría.

El primer día de escuela fue una experiencia extraña para mí, ya que no podía comprender nada. Recuerdo vívidamente observar las expresiones de las personas, tratando de descifrar su frustración cuando me hablaban en inglés. Mi madre transmitió lecciones de vida invaluables. Era una mujer valiente, fuerte, generosa y orgullosa que encontraba una inmensa alegría en ayudar a los demás. Su sabiduría aliviaba las dificultades y preocupaciones de quienes la rodeaban. A menudo, recurría a dichos o compartía cuentos cortos para impartir lecciones sobre paciencia, justicia, verdad, resiliencia y muchas otras cualidades necesarias para una vida próspera.

Sus recuerdos de la infancia

Carmelita provenía de Tecuala, Nayarit, México, un pintoresco pueblo costero situado en un estado junto al Océano Pacífico, rodeado por las montañas de la Sierra Madre. Tecuala se encuentra adyacente a abundantes tierras agrícolas, rebosantes frutas locales. Mangos, tamarindos, sandías, papayas y una variedad de frutas tropicales prosperan allí. La región también es famosa por sus peces y camarones, especialmente el delicioso 'Pescado

Zarandeado', un pescado a la parrilla local que resulta ser mi favorito.

Durante la mayor parte del año, Tecuala experimenta un clima caliente y húmedo, plagado de molestos mosquitos que hacen la vida ardua. Sin embargo, los residentes permanecen contentos. Mi madre era una de los doce hijos, nacida de Andrés Rodríguez y Demesia Placencia. Tecuala era la fuente de su herencia ancestral, atrayéndola de regreso cada año para reunirse con su familia.

Mi abuelo, Andrés, era un trabajador laborioso, Le transmitió a mi madre el conocimiento para discernir serpientes y plantas venenosas en el bosque circundante. También adquirió la habilidad de identificar plantas comestibles y medicinales, que luego cultivaba en nuestro jardín en casa. Mi madre retrataba cariñosamente a su padre como un hombre amable y benevolente, aunque de carácter severo.

Durante la temporada de lluvias, cuando el río crecía e inundaba el pueblo, engullendo casas, animales y provisiones, mi abuelo aseguraba sus pertenencias en el techo de su hogar. Sin temor alguno, descendía desde el tejado utilizando una canoa para rescatar a otros. A menudo arriesgaba su propia vida para salvar a las personas de los peligros de las inundaciones. Además, extendía su hospitalidad a aquellos que atravesaban tiempos difíciles, invitándolos a compartir una comida en su mesa.

Andrés era uno de los tres hijos supervivientes de su familia durante la Revolución Mexicana. Mi bisabuela, una mujer valiente de apenas 1,55 de estatura, luchó valientemente para proteger a sus hijos durante esos tiempos tumultuosos. Tristemente, fue testigo de la implacable ejecución de dos de sus hijos a manos de soldados del gobierno. En este sentido, la creencia de mi madre en nuestra profunda deuda con nuestros antepasados es cierta. Apenas puedo imaginar las dificultades que soportó mi bisabuela. Tuvimos la fortuna de que nuestro abuelo sobreviviera; de lo contrario, no estaría escribiendo este libro. A pesar de las dificultades y tribulaciones, la familia perseveró y mi bisabuela Juana vivió hasta la asombrosa edad de 105 años. Falleció apenas tres meses después de la muerte de mi abuelo, su hijo menor.

La infancia de Carmelita estuvo repleta de recuerdos de trabajo y viajes al río para lavar la ropa y nadar. Con el tiempo, sus habilidades para nadar se volvieron inigualables. Durante la crianza de mi madre, no existía el agua corriente. Cada día, ella y su hermana, Fermina, caminaban hasta el pozo de agua para llenar jarras con agua potable. A medida que crecían, el pozo de agua se convirtió en un lugar de reunión importante para los jóvenes que esperaban cortejarlas. De hecho, mi madre a menudo contaba cómo las parejas se encontrarían allí, robando unos momentos a la sombra de sus vigilantes padres. Los padres protegían ferozmente a sus hijas, conscientes de los peligros potenciales de la fuga o el secuestro forzado. En una ocasión, mi abuelo empuñó un machete para ahuyentar a un hombre que intentaba secuestrar a mi tía, Fermina. Naturalmente, mi tía Fermina luchó, ya que había evitado tales intentos tres veces durante su juventud.

Finalmente, mi madre se fugó con su novio y emprendió una nueva vida lejos de sus padres. Después de tres meses, regresó para visitar a su familia, pero tuvo que arrodillarse ante su padre para entrar en la casa. Él la reprendió con un golpe de cuerda y exigió que buscara el perdón de su madre por todo el sufrimiento que le había causado. Tales eran las costumbres de aquellos tiempos, sin embargo, mi madre siempre tuvo un profundo respeto por sus padres y pidió fácilmente perdón para ser bienvenida de nuevo en su hogar.

Abusos en el país natal

La violencia se manifiesta de diversas formas y, en algunos países, las mujeres son trágicamente asesinadas por sus parejas en arrebatos de ira. Aunque mi madre no sufrió violencia física, fue objeto de abuso emocional, económico y verbal a diario. Su esposo tenía aversión al trabajo y ensuciarse las manos. Como resultado, mi madre se convirtió en la única proveedora de la familia, aunque no tenía control sobre el dinero que ganaba. Soportó gritos frecuentes y la carga que llevaba se volvió cada vez más pesada. No solo trabajaba incansablemente, sino que también dio a luz y cuidó de siete hijos.

Durante los dieciocho años de su matrimonio, ella se involucró en diversas formas de trabajo para mantener a la familia. Vendía botellas de licor, compraba y sacrificaba cerdos, cultivaba frijoles y verduras en los campos y vendía tamales en las calles. Su trabajo era incesante, desde el amanecer hasta el anochecer. Mi madre tenía solo dos vestidos, uno que usaba mientras lavaba el otro. A los 35 años, pesaba apenas 52 kilos, gravemente desnutrida y agotada. A pesar de sus incansables esfuerzos, la familia luchaba para llegar a fin de mes.

Su esposo no sabía nadar, así que cuando el río crecía y tenían que transportar los cerdos al otro lado, mi madre cargaba con esa responsabilidad. No solo cruzaba el río nadando con los cerdos, sino que también regresaba nadando con su esposo a cuestas, para cruzar el río una vez más. Cada año que pasaba, el abuso empeoraba y ella sentía que se hundía más y más en un pozo de desesperación. El agotador trabajo en el campo bajo el sol abrasador era insoportable, no solo para ella, sino también para los hijos mayores que trabajaban junto a ella. Y después de un día de trabajo en los campos, se enfrentaba a la responsabilidad adicional de cocinar para la familia, no en una estufa, sino sobre un fuego abierto.

El día que ella decidió irse

Después de una agotadora temporada de trabajo en los campos, mi madre y sus hijos regresaron a casa, completamente agotados. Su esposo recibió el pago por sus esfuerzos colectivos y declaró que todos celebrarían yendo a la playa. Como era de esperar, él asumió el control del dinero, llevándolo todo en efectivo. Poco después de su llegada, él se fue abruptamente, dejando a la familia varada en la playa. Esa noche, mi madre presenció a sus hijos durmiendo en la arena, descalzos y agotados. Su frustración más profunda surgía de la realización de que ella había trabajado bajo circunstancias precarias, lo que resultó en la participación de sus hijos en los campos, soportando una extrema pobreza. Permanecían descalzos, sin educación y con un futuro desalentador por delante.

Recordaba los años de trabajo arduo, sacrificio e injusticia que había soportado junto a un hombre que se asemejaba más a un amo que a un compañero. A la mañana siguiente, se levantó y salió a buscarlo. Eventualmente, lo encontró en un bar junto a la playa, con dos mujeres sentadas en su regazo. Les pagaba un peso por cada beso que le daban. En su estado de embriaguez, ignoró su presencia mientras ella lo observaba derrochar el dinero duramente ganado por su familia. Aprovechando la oportunidad, le quitó el dinero de las manos y se marchó con sus hijos, buscando refugio en la casa de su madre.

Con mucho pesar, fue sincera con su madre, explicándole que tenía que irse porque quedarse con su esposo inevitablemente la llevaría a su propia muerte por agotamiento o era probable que ella impartiera violencia. Mi madre hizo una promesa de regresar y enviar dinero una vez que encontrara empleo en Tijuana, una ciudad ubicada en la frontera con Estados Unidos. Con lágrimas en los ojos, mi abuela aceptó a regañadientes cuidar de los niños y le dio su bendición para el viaje.

Sin embargo, marcharse no sería tarea fácil. Emocionalmente destrozada, sabía que tenía que encontrar un escondite y esperar antes de subir a un autobús o a un tren. Como había previsto, permaneció escondida durante dos semanas, perseguida como un animal por su marido y sus compañeros. Escapando, se dirigió a un pueblo cercano donde pudo subir a un autobús con destino a Tijuana. Dejando atrás a sus siete hijos, su familia, su pueblo natal y todo lo que apreciaba, su futuro parecía incierto, pero se mantuvo firme en su decisión.

Cuando le faltaba poco para Tijuana, en Nogales, Sonora, le informaron de que no tenía dinero suficiente para cubrir todo el viaje y le ordenaron que se bajara del autobús. El miedo se apoderó de ella al caer la noche, y oyó por casualidad a un pasajero que pedía ayuda a los demás para llegar a su destino. Sin embargo, nadie dio un paso al frente para ofrecer su ayuda, y ella se quedó tirada esa noche. Mientras caminaba sola, una luz lejana llamó su atención y la acercó. Se trataba de un modesto motel adornado con un letrero luminoso. Entró tímidamente en busca de empleo. La mujer del propietario, a quien reconoció de Tecuala, su pueblo natal, fingió no reconocerla. Sintiéndose avergonzado, el marido de la mujer la invitó a entrar y le ofreció una habitación para pasar la noche. A la mañana siguiente, el propietario le dio dinero para el autobús y le extendió sus mejores deseos para el viaje.

Dejar a sus hijos en Tecuala fue la decisión más angustiosa de su vida. El peso de la culpa por esa decisión la persiguió durante toda su existencia. Necesitó una inmensa valentía para luchar por el futuro de sus hijos, incluso a costa de perder su amor y su presencia protectora. A lo largo de las décadas siguientes, trajo poco a poco a cada uno de sus hijos a Estados Unidos. Ojalá hubieran podido comprender las razones de sus actos, pero nunca le perdonaron su marcha. Esta angustia la atormentaba, a pesar de sus incesantes esfuerzos por enviarles dinero, visitarlos y facilitar su educación. Lamentablemente, nunca fue suficiente. Es difícil imaginar la vida que habría llevado si se hubiera quedado. Sus intenciones estaban guiadas por el deseo de hacer un cambio y darles una vida digna a todos ellos.

Adaptarse a la vida en EE. UU.

Los testimonios de la mayoría de los inmigrantes suelen incluir la desgarradora experiencia de dejar atrás a la familia, la patria y las tradiciones culturales más preciadas. Este proceso suele implicar un periodo de adaptación al nuevo país, durante el cual se guarda luto por lo que se ha dejado atrás. Poco a poco se construye una nueva vida, acompañada de la formación de nuevas relaciones. Sin embargo, mi madre nunca se aclimató realmente a este país. Añoraba su pueblo natal y su familia de Tecuala. A lo largo del año, planificaba, meticulosamente, su regreso, recogía y empaquetaba con diligencia ropa usada para distribuirla entre los demás a su llegada. Sus viajes a Tecuala eran anuales y duraban entre uno y tres meses. Durante su ausencia, nuestra familia tuvo que adaptarse. Mi padre asumió la responsabilidad de cuidar a cinco niños de edades comprendidas entre los 9 meses y los 8 años. De niña, no entendía por qué nos había dejado. Más tarde comprendí su fuerte conexión con México. En su ausencia, solía faltar a la escuela para cuidar de mis hermanos, ya que mi padre tenía que trabajar. A veces nos llevaba a casa de otros familiares, pero al final no resultaba bien. De niños, añorábamos profundamente a nuestra madre y luchábamos por adaptarnos a la falta de familiaridad de otros hogares. Además, éramos muchos a los que cuidar.

En Estados Unidos, mi madre llevaba una vida muy recluida. Su círculo social estaba formado principalmente por familiares y compañeros inmigrantes de su pueblo natal. Nunca aprendió a hablar inglés, ni a conducir, ni asistió a reuniones o actos escolares. Solo cuando viajaba a Tecuala sentía una sensación de libertad, paseando por las calles, entablando conversaciones con la gente y disfrutando de las visitas a la playa o al río.

Su vida estaba dividida en dos mundos distintos, y rejuvenecía durante sus estancias en Tecuala para afrontar los días que pasaba en EE. UU. A medida que nos hacíamos mayores, encontraba consuelo en nosotros y nos pedía que la lleváramos a la panadería o a la tienda. Navidad y Año Nuevo marcaban la temporada de tamales en la cocina de mi madre, y ella apreciaba tener a sus hijas a su lado. Mis hermanas y yo nos reuníamos para echar una mano en la preparación de los tamales mientras disfrutábamos del alegre ambiente de la cocina de nuestra madre.

Yo era la hija predilecta de mi madre. En sus últimos años, ella confiaba en mí y siempre me recalcaba la importancia de estudiar. Creía que la educación proporcionaba a las personas una perspectiva más amplia del mundo. Esto me parecía intrigante, teniendo en cuenta que ella misma no tuvo la oportunidad de recibir una educación formal. No obstante, poseía una gran sabiduría y reconocía que la autosuficiencia económica era la clave de la independencia. Aunque no fue testigo de mi graduación en la Universidad del Sur de California (USC), ella me motivó en mi desenvolvimiento académico. Aunque volví a estudiar más tarde, me sentía obligada conmigo misma, con mi familia y, sobre todo, con mis hijos. Quería asegurarme de que no tuvieran excusas para no luchar por sus propias aspiraciones. El día de mi graduación, agradecí los sacrificios de mis dos padres, con un reconocimiento especial al inquebrantable aliento de mi madre.

Mis padres estuvieron casados más de veintiocho años. Aunque discutían cuando bebían, yo sabía que mi padre quería profundamente a mi madre. Le expresaba su amor de muchas maneras. Todas las mañanas la despertaba con una taza de café y nunca olvidaba su cumpleaños. Mi padre se esmeraba en plantar sus flores y verduras favoritas exactamente como ella quería. Siempre se desvivía por darle alegría y consuelo cuando se sentía triste o desanimada. A menudo la protegía de nuestros propios problemas, insistiéndonos en que no la agobiáramos con nada. A pesar de que mi papá era mayor que ella, su amor seguía siendo fuerte. Sin embargo, la gran dedicación de mi madre a ayudar a los demás a veces hacía que mi padre sintiera celos. Ambos tenían hijos mayores de matrimonios anteriores, lo que añadía complejidad a sus vidas. Los retos a los que se enfrentaban nuestros hermanos mayores a menudo afectaban a nuestros padres y, en consecuencia, también a nosotros. Una cosa que mis padres disfrutaban mucho juntos era bailar, sobre todo en las fiestas. También les gustaba cocinar y mantener la casa ordenada. Nuestras salidas de fin de semana solían consistir en ir al Este de Los Ángeles a comprar fruta y verdura para la semana. De vez en cuando, durante el verano, mis padres sacaban la mesa de la cocina al exterior, creando un ambiente de pícnic. También íbamos de vez en cuando a Lincoln Park, ahora conocido como Plaza de La Raza, en el Este de Los Ángeles, donde corríamos y explorábamos al aire libre. Aunque tuvieron bastantes problemas como pareja, siempre encontraron la manera de resolverlos y permanecieron juntos a lo largo de los años.

Luchas personales contra el alcoholismo

Es difícil tratar el tema de la adicción sin recordar el caos que conlleva. Lo primero que recuerdo de mi infancia es un incidente en el que mi padre sometió a mi madre con violencia física, él y dos de sus hijos adultos la persiguieron por las calles de noche. Las lágrimas corrían por las mejillas de mi hermana y mías, mientras nuestra madre, inconsciente, era cargada en brazos. Solté un grito desgarrador, sin saber qué le pasaba a mi madre. Sus manos colgaban sin resistencia, sin responder a ningún estímulo. Mi padre se me acercó y me dijo que estaba dormida. A pesar de mi corta edad, no me convenció y seguí llorando desconsoladamente por ella. Mi hermana Ana también se lamentaba desde el coche. Al día siguiente, al volver sobre mis pasos por ese lugar, vi gotas de sangre, la sangre de mi madre. Este recuerdo se grabó en mi conciencia como el primer recuerdo de mi infancia.

Durante ese periodo, mi madre no consumía alcohol. De hecho, nunca lo había hecho antes en su vida. Era víctima de la violencia doméstica, atrapada en una relación con un alcohólico que a menudo estaba rodeado de sus hijos adultos, durante los fines de semana. Aprovechándose del hecho de que mi madre carecía de familia en el país, no hablaba inglés y no tenía amigos, mi padre usó para su ventaja su existencia aislada y su falta de independencia económica. Años de soportar esta angustiosa situación acabaron por sumirla en la desesperación y recurrió al alcohol como medio de escape.

Por desgracia, en su estado de embriaguez, se convirtió en la agresora, y toda la rabia y la soledad acumuladas alteraron su naturaleza, antaño bondadosa y generosa. Testigo de sus peores años de adicción, a menudo veía a mi padre llorar de frustración. Seguro que se debatía entre innumerables pensamientos y emociones mientras la veía autodestruirse, borrando de su interior a la persona hermosa y compasiva que una vez fue. Su salud se deterioró rápidamente, volviéndola anémica y frágil.

En esos diez años, se desencadenaron multitud de acontecimientos, sucesos que resuenan en innumerables hijos de alcohólicos. Las noches en vela, las discusiones incesantes, la violencia y el caos implacable se convirtieron en la norma de nuestra vida familiar cotidiana. Nuestra disfunción era dolorosamente evidente para los vecinos, que observaban un hogar que organizaba fiestas los fines de semana y rebosaba de caras desconocidas. Algunos vecinos compasivos incluso nos ofrecieron su ropa desechada y sus juguetes usados. Sorprendentemente, un vecino de la misma calle me dio mi primer trabajo cuando solo tenía doce años. En retrospectiva, resulta evidente que nuestra existencia era un desorden que todos a nuestro alrededor podían ver. Sin duda, estas experiencias forjaron una ira y un trauma profundamente arraigados en cada uno de nosotros, mientras navegábamos por nuestros años de formación en aquel tumultuoso entorno.

Como la mayor de mis hermanos, asumí la responsabilidad de cuidar de ellos y de ocultar los defectos de nuestros padres, incluso inventando excusas cuando las facturas no se pagaban. Aunque mi madre experimentaba ocasionalmente períodos de sobriedad que duraban meses, inevitablemente recaía, sumiéndonos de nuevo en un ciclo de caos. Los días de sobriedad eran realmente extraordinarios, con comidas calientes y una casa ordenada esperándonos después del colegio. Eran los días de borrachera los que resultaban extremadamente difíciles de soportar. Sin embargo, la verdadera fuente de ansiedad provenía de la incertidumbre que se cernía sobre nosotros, sin saber qué nos depararía cada nuevo día. Después de una década de incesante agitación, llegó un día en que abrazó la sobriedad para siempre. Tardé años en creer de verdad que seguiría sobria, pero desafió todos los pronósticos y mantuvo su compromiso hasta su muerte.

Su mayor triunfo

Tras una dura batalla contra el alcoholismo, que duró una década, mi madre logró una hazaña extraordinaria: cinco años de sobriedad antes de fallecer. Para los familiares de alcohólicos, la sobriedad es un regalo muy preciado. Durante este período, una cierta medida de curación y cierre impregnó, gradualmente, nuestras vidas, ayudando a aliviar el dolor y el resentimiento que se había acumulado a lo largo de los años. Gracias a su sobriedad, mi madre desempeñó un papel fundamental en el lazo con sus cinco hijos menores. Empezamos a comprender que las cadenas de la adicción, por formidables que fueran, palidecían en comparación con los duraderos lazos de amor y familia que nos unían.

Me llevó bastante tiempo comprender la profunda verdad de que el alcoholismo es una enfermedad que proyecta su sombra sobre toda la familia. Bajo el barniz de la adicción se esconde una reserva de profunda angustia y sufrimiento. El alcohol se convierte en una vía de escape, un refugio frente a una realidad a la que el adicto teme enfrentarse. En el caso de mi madre, era la culpa que sentía por haber dejado atrás a sus hijos y la abrumadora soledad que experimentaba en una tierra extranjera que nunca llegó a aceptar como propia.

A pesar del inmenso sufrimiento que nos infligieron de niños, nos consideramos afortunados de estar vivos por el bien de nuestras familias. Esta angustiosa experiencia me ha motivado a dedicarme a trabajar con mujeres y familias inmigrantes. El mayor triunfo de mi madre, en medio de sus luchas, fue ver cómo sus hijos se convertían en personas productivas en un país que les ofrecía oportunidades de crecimiento. Tuvo que vencer sus miedos personales, enfrentarse a la profunda soledad que la acompañaba y luchar contra su adicción, todo ello mientras estaba separada de su familia. Adaptarse a un país extranjero, con su lengua y tradiciones desconocidas, ya es un reto de por sí. Sin embargo, en la década de 1950, cuando la población latina no era tan numerosa como en la actualidad, y los recursos como los medios de comunicación en español, como la radio, los programas de televisión e Internet, eran escasos o inexistentes, los obstáculos para los inmigrantes eran significativamente mayores. Estas limitaciones agravaban las dificultades de adaptación de quienes intentaban construir una nueva vida en un entorno desconocido.

El viaje que emprendió mi madre desde Tecuala (Nayarit, México) hasta California tiene un valor incalculable para nuestra generación. Nos hemos ahorrado el duro trabajo en el campo y las penurias de andar descalzos. Mis hermanos y yo dominamos dos idiomas y hemos tenido la suerte de recibir la educación que hemos perseguido. Nuestros hijos, a su vez, han disfrutado de toda una vida de estabilidad económica, si no más. Tenemos en alta estima el espíritu valiente de mi madre cuando se enfrentó a sus luchas personales, y la recordamos con profundo amor y gratitud.

La vida de mi madre nos dio numerosas lecciones de un valor que no se puede medir. Nos inculcó un espíritu de generosidad, fomentando la empatía hacia los necesitados y alimentando un inquebrantable sentido de la determinación. Además, nos enseñó a valorar todos los aspectos de nuestras vidas como bendiciones que nos han sido concedidas gracias a los sacrificios de otros. A medida que me hago mayor, mi gratitud por las innumerables bendiciones que he recibido en mi vida no hace, sino, ser más grande. La fuerza de mi madre, la generosidad de mi abuelo y la resistencia de mi bisabuela siguen residiendo en nosotros mientras navegamos por nuestros propios caminos.

¡Gracias, Carmelita!

LIZA MARIE SERNA

Copacabana, Medellín, Colombia

Copacabana, en Medellín, es famosa por su fiesta de las flores. Copacabana es una ciudad y municipio del departamento colombiano de Antioquia, cerca de Medellín.

Copacabana forma parte del Área Metropolitana del Valle de Aburrá. (Wikipedia).

Resiliencia

La vida en Medellín, Colombia – Mi infancia estuvo llena de inmensa felicidad. Fui a un colegio católico donde las monjas impartían una educación estricta, pero excelente. Este colegio, situado en Copacabana, tenía fama de ser uno de los mejores de la zona. El barrio en sí era tranquilo y agradable, con muchos niños jugando en las calles. Nos reuníamos y participábamos en diversos juegos, a menudo organizando actividades dinámicas y disfrutando de comida a la parrilla. La camaradería entre los niños del barrio de la Pedrera era muy fuerte. Algunos de mis amigos del barrio también iban al mismo colegio que yo.

Aunque al principio disfruté de mi estancia en la escuela católica, acabé expresando mi deseo de que me trasladaran al Colegio Presbítero. Esta decisión se debió a mis aspiraciones de estudiar Ciencias Naturales, en contraposición al enfoque predominante en formar futuros profesores en la escuela católica. Mi padre, que ejercía de canciller en otro colegio, apoyó mi petición. A los doce años, pasé al Colegio Presbítero, donde obtuve calificaciones excepcionales.

Durante nuestros años de juventud, nuestra familia se embarcaba con frecuencia en excursiones, creando juntos recuerdos imborrables. Sin embargo, cuando mi padre empezó a trabajar de canciller, nuestras salidas familiares se hicieron menos frecuentes. Ambos padres trabajaban constantemente, lo que hacía necesaria la presencia de un cuidador que se ocupara de nosotros en su ausencia. Recordando mi infancia, la Navidad ocupaba un lugar especial en nuestros corazones, marcada por animadas fiestas y celebraciones. Nuestro barrio se animaba con parrilladas, adornadas con deslumbrantes luces y decoraciones festivas. A pesar de crecer en los años ochenta, una época en la que Colombia se enfrentaba a los problemas de la guerra contra narcotráfico, nuestro barrio seguía siendo seguro. Sin embargo, no podíamos evitar sentirnos tristes por la agitación que se vivía en otras regiones del país que no compartían la misma sensación de seguridad que nosotros tuvimos la suerte de tener.

Medellín, con su clima tropical, experimenta lluvias durante la noche o las primeras horas de la mañana, mientras que los días son predominantemente soleados. Este patrón climático contribuye a la exuberante vegetación que prospera en la región. Mi abuelo tenía tierras de labranza en las que cultivaba diversas cosechas, y los fines de semana le acompañábamos a la plaza local. Sus cultivos incluían café, cacao y naranjas, que se cosechaban y vendían en la ciudad cercana. La tierra fértil y el clima favorable de Medellín ofrecían un entorno ideal para la agricultura, lo que permitía a mi abuelo cultivar y compartir los frutos de su trabajo con la comunidad circundante.

Medellín, conocida por su ambiente alegre, es un lugar en el que la gente acepta correr riesgos y aventurarse en nuevas oportunidades. Los medellinenses tienen fama de ser personas orientadas a resolver. La ciudad cuenta con universidades excepcionales y un sólido sistema de educación pública. Las familias y los jóvenes de Medellín valoran mucho la educación y reconocen su importancia para el crecimiento personal y profesional.

Como residentes de la región cafetera de Antioquia, Colombia, a menudo nos llaman "paisas". Este término resalta nuestra conexión con el rico patrimonio cafetero de la zona. Un acontecimiento anual notable en Medellín es la Fiesta de las Flores, que se originó en 1957. Durante esta vibrante celebración, la gente participa en desfiles portando a sus espaldas sillas adornadas con hermosas flores. Esta tradición tiene su origen en la práctica de los vendedores de utilizar sillas para transportar mercancías o asistir a personas enfermas desde la sierra hasta la ciudad. La Fiesta de las Flores se ha convertido en un acontecimiento cultural muy querido, que muestra el colorido patrimonio floral de la región y la resistencia de sus gentes.

Cuando llegué por primera vez a Estados Unidos, además de echar mucho de menos a mi familia, una cosa que añoraba era el sentido de comunidad y la estrecha conexión humana que abundaban en mi país. En Colombia, nada más salir de casa, uno se encuentra con bulliciosas tiendas, bancos y escuelas muy cerca, lo que crea oportunidades para la interacción social. La gente lleva una vida menos aislada y tiene un mayor sentido de la socialización y de comunidad, comparada con lo que experimenté en Estados Unidos.

La música está arraigada en la cultura colombiana, corre por nuestras venas. Un colombiano que no escuche música se considera incompleto. Desde las primeras horas de la mañana, se puede oír música resonando en todos los hogares. En cambio, aquí en Estados Unidos, a menudo reina el silencio y la tranquilidad, y la gente depende en gran medida del coche como medio de transporte, recorriendo largas distancias para reunirse con los amigos. Hay grandes contrastes entre los dos países en cuanto a la dinámica social.

En Colombia, los niños se relacionan a diario en sus barrios, formando fuertes lazos sociales. La unidad de la familia extensa es muy importante, y cuando visitábamos a nuestros abuelos, nos reuníamos con primos y otros parientes. De pequeños, nos bañábamos en los ríos y explorábamos las verdes montañas repletas de vegetación. Las familias se reunían a menudo y disfrutaban de su compañía. Sin embargo, las cosas cambiaron tras la separación de mis padres y esos días se volvieron menos frecuentes.

Como inmigrante en Estados Unidos, crear relaciones desde cero se convierte en una necesidad, con una persistente incertidumbre sobre en quién se puede confiar. Restablecer el sentido de comunidad y encontrar el mismo nivel de apoyo y conexión que tuve en Colombia es un proceso difícil.

¿Por qué decidí irme de Colombia?

Mientras trabajaba en el casino, tuve un encuentro fortuito con un hombre al que había conocido dos años antes en Colombia. La primera vez que nos conocimos, se encontraba en Colombia vendiendo perfumes y otros artículos que había traído de Estados Unidos. Dos años más tarde, volví a encontrarme con él en el casino, acompañado de su hermano. Expresó un gran deseo de reunirse fuera del trabajo y me dio su número de teléfono. Intrigada, acepté salir con él y entablamos largas conversaciones. A pesar de la gran diferencia de edad, veinte años, tenía una personalidad carismática, un gran sentido del humor y un fuerte énfasis en la familia.

A lo largo de tres meses, seguimos saliendo y, durante ese tiempo, abordó el tema del matrimonio y expresó su intención de construir una vida juntos en Estados Unidos. La progresión de nuestra relación fue extraordinariamente rápida. En mayo, solicitó formalmente mi mano a través del proceso de inmigración y, en noviembre, recibí la aprobación para viajar a Estados Unidos. El 17 de diciembre de 2004, embarqué en un avión con destino a Los Ángeles, iniciando un nuevo capítulo de mi vida.

En aquel momento, no acababa de asimilar la gravedad de lo que dejaba atrás. La decisión de dejar atrás a mi familia, mis amigos, mi carrera y mi educación fue tan repentina que no tuve la oportunidad de procesarla adecuadamente ni de despedirme de todos mis seres queridos. Nuestros planes eran urgentes y, en medio de todo ello, mi pareja llegó a proponerme la idea de entrar ilegalmente en Estados Unidos. Sin embargo, mi madre se opuso firmemente a esa idea, y yo también tenía reservas y temores sobre tomar un camino tan arriesgado.

Analizando el pasado, me doy cuenta de que confié plenamente en alguien a quien conocía desde hacía poco tiempo. El amor nubló mi juicio y mi deseo de formar una familia con él eclipsó los posibles retos y dificultades que se avecinaban. En retrospectiva, veo la ingenuidad de mi decisión y la falta de consideración por los problemas a los que tendría que enfrentarme.

Mis expectativas sobre la vida en EE. UU.

En 2004, a los 24 años, salí de Colombia sin expectativas claras de lo que me depararía la vida en Estados Unidos. Hasta entonces, nunca había pensado en abandonar mi país. De vuelta en Colombia, llevaba más de dos años estudiando Comunicación Social en la universidad, imaginando un futuro como presentadora de noticias o periodista. No sabía que mi camino tomaría un rumbo diferente.

Al llegar a Estados Unidos, me encontré aplicando

muchas de las habilidades y conocimientos que había adquirido durante mis estudios en mi empleo actual con Visión y Compromiso, una organización sin fines de lucro. Es interesante ver cómo la vida puede dar giros inesperados, y la educación que recibí sigue siendo valiosa en mis actividades profesionales.

En casa, mi vida familiar era relativamente tranquila a pesar de la reciente separación de mis padres. Seguimos muy unidos y valoro mucho el tiempo que paso con mi madre y mis dos hermanos. Cuidar de mi hermano, que tiene necesidades especiales, se convirtió en una responsabilidad importante, y apoyé con gusto a mi madre en la gestión de su formación y actividades.

Tras dejarnos mi padre, tomé la decisión de contribuir al bienestar de nuestra familia, buscando un empleo a la vez que asistía a la escuela. A través de un conocido de mi padre, conseguí un trabajo como crupier en un casino, al que dediqué dos años de mi vida. No me imaginaba que ese trabajo influiría en mi trayectoria en Estados Unidos y me llevaría a donde estoy hoy.

Mis retos más difíciles en Estados Unidos.

Al principio, echaba mucho de menos a mi familia. Durante las dos primeras semanas de mi llegada, todo en este país me pareció increíblemente hermoso. Mi prometido se convirtió rápidamente en mi marido el 31 de diciembre de 2004, en una boda rápida en Las Vegas en la que sólo estábamos nosotros dos. Aquellas semanas iniciales estuvieron llenas de emocionantes visitas turísticas, y él hizo todo lo posible por enseñármelo todo y asegurarse de que lo pasara bien.

Un mes después, descubrí que estaba embarazada de mi única hija, Stephany. Sin embargo, la noticia no hizo feliz a mi esposo, que tenía otros planes para mí. Quería que trabajara y no había previsto que mi embarazo se produjera tan pronto. Cuando me presentó a algunos de sus amigos, poco a poco empecé a darme cuenta de que era un mentiroso crónico, tenía deudas y un historial de malos negocios con todo el que se cruzaba. Se había ganado el apodo de "Julio Mentiras". Más tarde, me enteré de que cada vez que viajaba a Colombia, fingía algún malestar y se encargaba de que le ingresaran cheques de incapacidad en su cuenta bancaria.

Con el tiempo, empecé a verle como realmente era y noté que su comportamiento hacia mí empezó a cambiar. Se volvió menos cariñoso y, a medida que avanzaba mi embarazo, su comportamiento negativo empeoró. Había ocasiones en las que me sobresaltaba por detrás o me acercaba peligrosamente el puño al estómago, fingiendo que me iba a dar un puñetazo, para luego reírse. Fue una época difícil, e incluso me costó convencerle de que me comprara productos de higiene. Durante todo el embarazo, sólo tuve cuatro prendas premamás que me ponía repetidamente. Además, me llevó a solicitar cupones de alimentos durante ese periodo, todo mientras enviaba dinero a su madre y a su familia en Medellín.

Me sentía increíblemente sola y a menudo llamaba a mi madre llorando. La sensación de desesperanza y aislamiento era abrumadora, sobre todo porque no conocía a nadie más en el país. Me di cuenta de que no podría seguir con este hombre cuando naciera el bebé. Ni siquiera me ayudaba a llevar la compra durante el embarazo, sino que me esperaba en el coche. Aunque no estaba segura de los detalles, en el fondo sabía que no podía seguir con esa relación.

Huir para volver a encontrar la paz

En los cuatro años siguientes a mi llegada, mi esposo consiguió acumular una asombrosa deuda de 30.000 dólares en siete tarjetas de crédito, de la que más tarde tuve que hacerme responsable. Tras el nacimiento de mi hija Stefany, conseguí un trabajo en el turno de noche de las tiendas Target, lo que me permitía cuidar de ella durante el día. Los escasos ingresos que obtenía se utilizaban principalmente para pagar facturas, mientras Julio seguía enviando dinero a su familia en Colombia. No le interesaba gastar dinero en los juguetes de Stefany, y mucho menos en mí.

Durante este tiempo, mi estatus migratorio siguió siendo temporal, aunque había obtenido la residencia permanente. El miedo constante a ser deportada o a que me quitaran a mi hija me perseguía. Cuando Stefany cumplió dos años, ambas viajamos de vuelta a Colombia debido al fallecimiento de la madre de Julio. Contemplé la posibilidad de quedarme allí, pero él me convenció de que las cosas cambiarían y regresé a Estados Unidos con él a regañadientes.

Los dos años siguientes con Julio no hicieron más que empeorar. Era una persona increíblemente ruidosa e intimidante que me acusaba constantemente de infidelidad y me menospreciaba. Sus insultos y enojos me mantenían en tensión dentro de la relación. Una vez hablé con su exmujer y descubrimos que habíamos vivido situaciones similares, excepto que ella había sufrido abusos físicos. Esto me llevó a investigar sobre el sistema judicial, y me puse en contacto con la línea *211-Referral* en múltiples ocasiones para recabar información sobre los datos disponibles.

Para empeorar las cosas, Julio había escondido el pasaporte de Stefany para impedir que me fuera con ella. Al final lo descubrí en el armario, metido en el bolsillo de una de sus chaquetas. Durante todo este calvario, me dijo una y otra vez que tenía sobrepeso y que nunca nadie me querría. Lo irónico era que un día me insultaba y tenía ataques de ira, y al día siguiente hacía como si nada.

Poco a poco empecé a familiarizarme con los nombres de las calles y a conocer la ciudad, mientras me preparaba inconscientemente para el día en que me escapara. Cada vez que veía a Julio, me dolían las piernas y el estómago, como si mi cuerpo percibiera la toxicidad de la situación.

Un día, mientras llevaba a Stefany al parque, me crucé con una mujer llamada Lucy. Me contó que había venido de México huyendo de un marido maltratador. Cuando me describió su propia experiencia de violencia doméstica, me di cuenta de que yo vivía una situación similar. Lucy y yo continuamos nuestras conversaciones cada vez que nos encontrábamos en el parque con nuestros hijos. Aproximadamente un mes después de nuestro encuentro inicial, Lucy mencionó que tenía una habitación disponible para alquilar en su casa. Intuyendo mi deseo de abandonar mi situación actual, me aconsejó que planificara cuidadosamente mi marcha. Seguí su consejo y acudí al juzgado para obtener una orden de alejamiento. Con la ayuda de un agente de policía, saqué de la casa la cuna de mi hija y algunas de mis pertenencias. Lucy me ayudó amablemente con la transición y me ayudó a trasladar mis cosas a la habitación que había alquilado.

Mis batallas legales y las visitas a la corte por la custodia continuaron durante algún tiempo y persisten hasta el día de hoy. Sin embargo, ya no tengo miedo de enfrentarme a mi exmarido ni a nadie en los tribunales. Durante un tiempo, seguí trabajando en turnos de noche mientras cuidaba de mi hija. A pesar de ganar solo 1.000 dólares al mes, conseguí ahorrar lo suficiente para comprarme mi primer coche. Durante esos primeros días de mi nueva vida, el agente de policía me recomendó que visitara el Centro de Justicia Familiar de Anaheim, un centro de recursos para supervivientes de la violencia doméstica. Allí me puse en contacto con un grupo de apoyo que se reunía semanalmente. Fue el comienzo de mi viaje de curación y los primeros pasos que di para crear una sólida red de apoyo con otras mujeres. Con el tiempo, me di cuenta de que no estaba sola en mis experiencias. Empecé a reconstruir mi autoestima y a fijarme objetivos más ambiciosos. Con cada paso que daba, me encontraba rodeada de amigas y mi amor por la vida seguía creciendo.

En este increíble viaje de crecimiento personal, el amor entró inesperadamente en mi vida una vez más a través de Roberto. Nos conocimos a través de amigos comunes, y nuestra conexión fue instantánea. Desde entonces, Roberto y yo hemos formado una familia llena de amor y trabajamos juntos como un equipo para sacar adelante a nuestras hijas. El día que me propuso matrimonio en helicóptero, sobrevolando las islas hawaianas, fue realmente mágico y me dejó sin palabras. Hoy he sido bendecida con una hermosa familia, envuelta en amor, respeto, apoyo mutuo y generosidad.

Mis mayores triunfos

Considero que hay dos grandes triunfos en mi vida por los que mereció la pena soportar el sufrimiento al venir a Estados Unidos. El primer triunfo es ser testigo del increíble desarrollo de mi hija hasta convertirse en una persona feliz, inteligente y pacífica. Stefany es el mayor tesoro de mi vida. He tenido el privilegio de verla florecer y convertirse en una hermosa joven, rebosante de energía y tranquilidad interior. A pesar de los conflictos que hemos soportado en los tribunales y las batallas por la custodia, no le pesa la ira ni la amargura. Es una ávida lectora con multitud de intereses en la vida. Actualmente, está explorando oportunidades en las universidades de Stanford y UC Davis para perseguir sus metas educativas. Ser testigo de su crecimiento y experimentar su amor, junto con el amor de mi hermano y un esposo cariñoso, es la verdadera bendición de la vida. Me siento rodeada de amor en abundancia. Mi hija tiene ahora un futuro lleno de oportunidades para triunfar y construir la vida que imagina para sí misma. Cada día es un testimonio de los profundos cambios que son posibles cuando nos negamos a perder la esperanza. Uno de los pilares de fortaleza que me ha sostenido en tiempos difíciles es el amor inquebrantable de mi familia. Aunque están lejos, mi madre y mi padre me han proporcionado un enorme apoyo.

Otro triunfo personal para mí ha sido descubrir el poder que hay dentro de mí para lograr cualquier cosa que desee. He tenido que hacer caso omiso de mis dudas y de las mentiras que me dijo un exmarido que me maltrataba. Ahora me doy cuenta de que esas palabras nunca fueron ciertas. He ganado confianza en mi identidad y comparto mi felicidad y carisma con quienes encuentro. Me asombra la sabiduría que la vida me ha impartido durante mi viaje de crecimiento como mujer y ser humano. Estoy ansiosa por aprender algo nuevo cada día y ayudar a otras mujeres a tener éxito en sus proyectos. Aunque a veces mi camino ha sido difícil, siempre he tenido la esperanza de una vida mejor para mi hija y para mí. He vuelto a encontrar el amor en alguien que me aprecia y me valora de verdad, igual que yo a él. La vida me ha bendecido con muchos amigos nuevos y una red de personas solidarias que entraron en mi vida en los momentos más oscuros. Aunque Colombia me sigue dando alegrías cuando la visito, estoy agradecida de estar en este país. ¡Ahora estoy lista para remontar el vuelo, sabiendo que poseo la fuerza y la determinación necesarias para alcanzar el éxito!

MERCY FLORES

San José de Minas, Pichincha, Ecuador

San José de Minas (más conocida como *Minas*) es una parroquia rural del Distrito Metropolitano de Quito, está ubicada aproximadamente a menos de dos horas de la zona urbana de Quito, a unos 80 kilómetros en la zona centro norte de la provincia de Pichincha, Ecuador.

Posee una variedad de niveles ecológicos ya que su altitud oscila entre los 1.800 y 2.500, la temperatura promedio en su parte baja es de 22 °C y de 10 °C en la parte alta (Wikipedia).

Pasé mi infancia en San José de Minas, una ciudad situada en la provincia de Pichincha, Ecuador. A 2.883 pies sobre el nivel del mar, San José de Minas goza de una variada gama de climas y abundante vegetación. La región se ha ganado el reconocimiento por sus actividades agrícolas, sobre todo en el cultivo de caña de azúcar, diversas cosechas y flores. Los exuberantes paisajes de San José de Minas han contribuido a su reputación como centro agrícola.

San José de Minas es una comunidad muy unida entre las pintorescas montañas de Ecuador, con unos 14.000 habitantes. Es una ciudad pequeña donde todos se conocen, lo que fomenta un fuerte sentido de comunidad. Mi infancia en San José de Minas estuvo llena de recuerdos entrañables, de amistades, juegos al aire libre y visitas semanales a la iglesia local. Durante aquellos primeros años, recuerdo que la electricidad aún no había llegado a nuestro barrio. Por lo tanto, dependíamos de velas y lámparas de queroseno para iluminar nuestras casas por la noche. Al crecer, yo era una de los diez niños que vivían con mis padres en este tranquilo y agradable pueblo de Ecuador.

En San José de Minas había muchas fiestas, como la Semana Santa, el día de Carnaval, donde la gente jugaba con agua. Durante estas festividades, las familias se reunían con la familia extendida para compartir y celebrar con otras familias.

Mi padre era un hombre estricto que establecía normas que regían nuestro hogar y se aplicaban a todos nosotros. Por ejemplo, si no estabas sentado a la mesa a la hora de cenar, te quedabas sin comer. Insistía en la importancia de levantarse temprano para empezar el día.

Bajo su dirección, todos sus hijos aprendieron el valor del trabajo duro y la disciplina. Por el contrario, mi madre encarnaba un espíritu generoso que la definía. Ayudaba constantemente a los menos afortunados en todo lo que podía. Incluso ahora, me encuentro trabajando diligentemente y manteniendo la estructura dentro de mi propio hogar.

La vida por nuestra cuenta en Quito

Soy la sexta de diez hermanos. A pesar de provenir de un pueblo con escasos recursos, recibimos de nuestros padres lecciones invaluables. Nos inculcaron los valores del respeto a los demás, la responsabilidad, la amistad y la generosidad. Estos valores han desempeñado un papel fundamental no sólo en mi vida, sino también en la de mis hermanos. Me han obligado a ser positiva en cualquier circunstancia y a mantener mi integridad.

En mi pueblo natal no había escuelas secundarias. Esto nos llevó a mis hermanos y a mí a trasladarnos a Quito (Ecuador) para estudiar. Nuestros padres sacrificaron tenernos cerca porque creían que la educación era una prioridad para nuestro futuro.

Aunque vivíamos lejos de nuestros padres, nuestra madre nos visitaba una vez a la semana, a veces cada dos semanas. Esperábamos con impaciencia su llegada, sabiendo que nos traería comida y víveres. Llegaba a las seis de la mañana y se iba a las cinco de la tarde. Cuando tenía trece años, me fui de casa para estudiar en Quito. Me junté con cuatro de mis hermanos en una casa compartida, donde cursamos el bachillerato en la ciudad. Nuestros padres alquilaron un piso, nos matricularon en la escuela y cubrieron nuestros gastos de transporte. Teníamos que ahorrar dinero para el transporte o, de lo contrario, tendríamos que caminar en lugar de tomar el autobús. Aunque a veces nuestros padres tenían los recursos económicos, algunos negocios desafortunados nos dejaban en apuros económicos. Sin embargo, creían que enviarnos a Quito para estudiar era la mejor opción. Como hermanos, nos cuidábamos los unos a los otros y compartíamos las tareas domésticas. Ninguno de mis hermanos tenía vicios ni adicciones. En nuestro hogar compartido, el primero que llegaba de la escuela cocinaba para todos. Nunca tuvimos conflictos porque nuestra madre nos enseñó a compartir lo que teníamos entre nosotros. Esta independencia temprana nos enseñó responsabilidad y nos inculcó buenos hábitos.

Quito difería de nuestro pequeño pueblo en varios aspectos, sobre todo por su tamaño y la mayor incidencia de problemas de seguridad y delincuencia. En nuestro pueblo natal, nunca tuvimos que preocuparnos de cerrar las puertas, pero en Quito, era necesaria una vigilancia constante. Ocasionalmente, visitaba a mis padres en nuestro pueblo natal mientras vivíamos en Quito. De todos los hermanos que asistieron a la escuela en Quito, sólo uno optó por regresar y establecerse en San José de Minas. Mi hermana Patricia se casó y se mudó aproximadamente a quince horas de Quito con su esposo. Sin embargo, tras jubilarse de su carrera, decidieron regresar a San José de Minas. A su marido, ingeniero agrónomo, le encanta vivir en San José de Minas.

¿Cómo decidí irme a California?

A diferencia de las circunstancias que suelen afectar a

otros inmigrantes, mi decisión de venir a Estados Unidos estuvo impulsada únicamente por una sed de aventura. La inspiración inicial de mi viaje surgió de un profundo deseo de explorar lugares desconocidos. Llegué a California como parte de una visita planeada con una amiga que tenía familia allí. Sin embargo, mientras mi amiga regresaba a Ecuador al cabo de un mes, yo decidí quedarme. Al principio pensaba quedarme tres meses, luego seis, pero al final me quedé en Estados Unidos treinta años antes de regresar a Ecuador.

Al llegar, me enamoré inmediatamente del estilo de vida estadounidense, sobre todo por su sentido del orden y la limpieza. Además, tuve la suerte de encontrar trabajo poco después de mi llegada, y fue durante este tiempo cuando conocí a mi esposo, Andrés.

Durante los primeros años de nuestra relación, Andrés y yo teníamos intenciones de regresar permanentemente a Ecuador. Incluso llegamos a comprar una casa allí, creyendo que establecíamos nuestro futuro en Sudamérica. Nuestro plan era ahorrar dinero y volver a Ecuador en un plazo de seis años. Sin embargo, todo cambió con la llegada de nuestra hija mayor, Stephanie. Se hizo evidente que el futuro de nuestra hija estaba aquí, en Estados Unidos. En consecuencia, tomamos la decisión de quedarnos.

Unos años más tarde nació nuestra segunda hija, Kathy. Nuestro principal objetivo pasó a ser proporcionar una vida mejor a toda nuestra familia en este país.

Tomamos la decisión de vender nuestra casa en Ecuador y compramos nuestra primera casa en Anaheim, California. Poco sabíamos que sería la primera de varias casas que adquiriríamos en el futuro. Desde el nacimiento de Stephanie, tuve un fuerte deseo de cuidarla personalmente. Tenía mis reservas sobre dejar a mi hija en manos de otros. Afortunadamente, la mujer para la que trabajaba me permitió amablemente llevar a mi hija al trabajo conmigo. Yo cuidaba de sus hijos, además de los míos, en su casa durante el día mientras Andrés trabajaba en otro sitio.

Personalmente, aprender inglés ha sido mi mayor reto. Aún anhelo alcanzar una mayor fluidez. Sin embargo, he descubierto que no ha sido esencial para alcanzar mis objetivos. A lo largo de mi estancia en Estados Unidos, he trabajado principalmente por cuenta propia. Actualmente, soy la orgullosa propietaria de Mercy's Family Daycare. He participado activamente en el aprendizaje sobre el desarrollo de la niñez y la enseñanza, que ha sido un foco importante para mí. Además, imparto formación en reanimación cardio pulmonar a cuidadores de niños que necesitan renovar su licencia. No sólo constituyen la base de apoyo para mi negocio de RCP, sino que también sirven como un valioso grupo de apoyo con intereses empresariales compartidos. Afortunadamente, he conseguido encontrar un equilibrio entre mi vida familiar y mi trabajo.

Aunque mis conocimientos de inglés son limitados, he sabido aprovechar mis habilidades y rasgos de personalidad para alcanzar mis objetivos en la vida. De mis padres aprendí los valores del trabajo duro y la disciplina, que han forjado mi carácter. Mi sentido de la independencia, tenacidad y decisión siempre me han impulsado a perseguir nuevos retos. Cuando me propongo algo, no tengo miedo de correr riesgos. Me gusta la acción y, afortunadamente, en mi trayectoria he cosechado más éxitos que fracasos.

Además, disfruto de verdad relacionándome con grupos de personas diversos. Esta apertura me ha permitido forjar amistades duraderas y establecer valiosas relaciones comerciales a lo largo de los años.

En 1989, cuando tenía veintidós años, sufrí la pérdida de mi madre. Fue una época difícil para mí. Poco después, en 1991, tomé la decisión de venir a California. Una de mis hermanas, que ya vivía aquí, expresó su preocupación preguntándome: "¿Qué vas a hacer allí? California no es lo que te imaginas, es diferente". Le preocupaba que me sintiera sola y me faltara el apoyo que necesitaba.

Adaptarse a un nuevo país puede ser todo un reto, sobre todo para quienes no son decididos por naturaleza y carecen de una red de apoyo. En Estados Unidos, una de las principales dificultades radica en las barreras lingüísticas y la adaptación a culturas diversas. El país es rico en tradiciones, comidas y diferencias entre costumbres. Personalmente, he descubierto que permanecer abierta a aprender y abrazar diferentes cocinas étnicas me ha ayudado en el proceso de adaptación.

Mis viajes a distintos estados y lugares me han aportado valiosos conocimientos y experiencias. A diferencia de muchos otros países, Estados Unidos ofrece un amplio abanico de oportunidades. Las perspectivas de empleo son abundantes aquí para quienes estén dispuestos a trabajar. Además, montar tu propio negocio es comparativamente más fácil en este país, mientras que en otras naciones puede ser una tarea más difícil. El potencial de progreso financiero también es notable aquí. Por el contrario, en Ecuador, por ejemplo, encontrar empleo a los veinticinco años puede ser increíblemente difícil debido a la falta de oportunidades laborales. Estados Unidos, en cambio, presenta una puerta importante que abre numerosas posibilidades. Si estás dispuesto a trabajar duro y aprovechar estas oportunidades, puedes allanar tu camino hacia el éxito.

MARGARITA CHAVEZ

Tangancícuaro, Michoacán, México

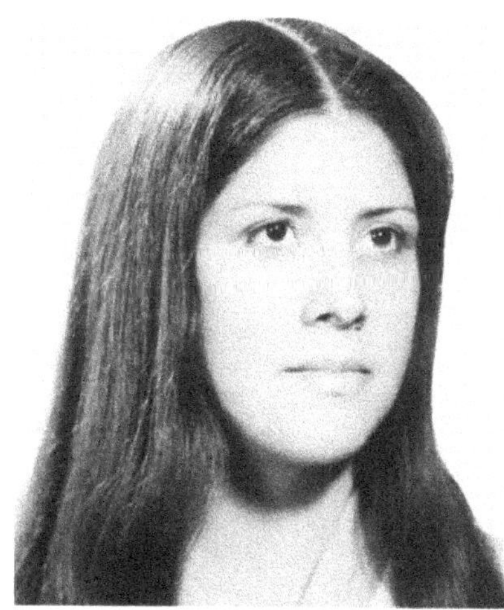

Tangancícuaro significa el lugar de los tres pozos de agua en Purépecha. Tangancícuaro se encuentra a una altitud de 1,700 metros sobre el nivel del mar, con una superficie de 387.95 km2.

Su población se estimó en 33,815 habitantes en 1996 y tiene un crecimiento poblacional ligeramente negativo atribuido a la emigración al interior y exterior del país. Limita al norte con Zamora, Jacona y Tlazazalca, al este con Purepero y Chilchota, al sur con Charapan, Los Reyes y Tinguindin, y al oeste con Tangamandapio. (Wikipedia).

Resiliencia

Nací en Tangancícuaro, Michoacán, donde guardo los recuerdos más entrañables de mi infancia. Fue una época llena de alegría y sencillez, donde mi atención se centraba en la escuela y el juego. La inocencia de esa época me protegió de los problemas del mundo, convirtiéndola en la mejor época de mi vida. Tangancícuaro es un lugar de una belleza extraordinaria, sobre todo en la época en que crecí, antes de que los recientes disturbios, la violencia y la delincuencia se apoderaran del lugar. Rodeado de montañas majestuosas y lagos serenos, el pueblo emana una sensación de tranquilidad. Lo único que le faltaba era una industria próspera que ofreciera más oportunidades de empleo a sus habitantes. Mucha gente tenía que viajar a Zamora, la ciudad más cercana, en busca de trabajo.

El nombre de Tangancícuaro tiene un significado importante, ya que se traduce como "el lugar de los tres pozos de agua". El agua abunda en la región, con el lago Camécuaro, el lago Junguarán y el lago Cupatziro rodeando la ciudad. Estos lagos sustentan el medio ambiente local y sirven de fuente de agua potable para la población. Durante mi infancia, las charcas eran accesibles al público, pero ahora están valladas para preservar la pureza del agua potable.

Tangancícuaro también tenía un animado mercado semanal de agricultores, conocido como tianguis, que se celebraba todos los martes. El mercado era un bullicioso centro de actividad, donde los vendedores ofrecían una gran variedad de productos, como frutas, verduras, ropa, zapatos y mucho más. Era un momento muy apreciado en el que la comunidad se reunía en el centro de la ciudad para comprar los artículos que deseaba.

Además de los encantadores lagos, Tangancícuaro

está rodeado de impresionantes montañas y una vasta extensión de cielo azul. La ciudad cuenta con varios miradores locales, como El Mirador, La Viata y Patamban. Entre ellos, un destino muy apreciado por las familias era una cascada conocida como La Chorrera, llamada así por su cautivadora cascada de color chocolate. Era un pintoresco sitio donde los visitantes podían sumergirse en la fascinante belleza de la naturaleza.

En Tangancícuaro, nuestras principales atracciones eran la iglesia y el hábitat natural circundante. El pueblo era conocido por sus festividades que se celebraban durante todo el año y que reunían a la comunidad. Estas celebraciones contaban con procesiones religiosas, animados desfiles, espectaculares fuegos artificiales y una música cautivadora en la que los residentes participaban activamente. Entre las festividades más apreciadas estaba la celebración de una semana dedicada a la Virgen de la Asunción, que incluía música encantadora, canciones profundas y especiales. En Tangancícuaro, descubrirás numerosas capillas, cada una representando a un barrio distinto y fomentando un sentido de identidad y pertenencia dentro de la comunidad.

Las excursiones de fin de semana a las montañas y lagos que rodean Tangancícuaro eran actividades muy apreciadas por las familias. En determinadas estaciones, las montañas se llenaban de flores conocidas como *Azucenas del Cerro*, que añadían un toque de color y fragancia al paisaje. Al pasear por la plaza del pueblo, los jóvenes ofrecían estas flores como símbolo de un posible cortejo, creando una tradición encantadora.

Recuerdo con cariño una época en la que las líneas telefónicas escaseaban en el pueblo. La casa de mi abuela fue de las primeras en contar con este servicio, y los vecinos la visitaban a menudo para hacer uso del teléfono.

Por desgracia, Tangancícuaro ha experimentado un aumento significativo de la violencia, con la desaparición de personas, especialmente, chicas jóvenes y atractivas. Es desalentador ser testigo del deterioro de un lugar tan hermoso, que refleja la situación en otras partes de México.

En mi familia, al principio vivíamos en una casa alquilada, pero cuando mis padres se separaron, a menudo nos quedábamos con nuestra abuela. Su relación era tumultuosa y sufrieron numerosas separaciones a lo largo de su matrimonio. Cuando crecí, ayudé a mis padres a trabajar en el campo en Estados Unidos, lo que nos permitió comprar una casa en Tangancícuaro.

Mi primera visita a Estados Unidos fue en 1963, cuando sólo tenía siete años. En ese entonces, mis dos hermanas tenían; unos seis años y la bebé solo tres meses. Llegamos a Los Ángeles e inicialmente nos establecimos allí. Mi padre, Ramiro, solicitó nuestra residencia legal permanente. Había emigrado a Estados Unidos a los dieciséis años tras perder a sus padres cuando tenía sólo tres. Su hermana, María, se hizo cargo de él. Mi padre procedía de una familia numerosa, con ocho hermanos de la primera esposa de su padre y tres de su segunda esposa.

El día de nuestra llegada, uno de nuestros primos nos recogió en San Ysidro, California, en su coche. Recuerdo perfectamente haber visto un anuncio de Coppertone en movimiento en una valla publicitaria. Comimos en un McDonald's local y todo nos pareció nuevo. Las autopistas parecían curiosas y majestuosas comparadas con las carreteras de nuestra ciudad natal. A nuestra llegada, nuestro padre nos había instalado en un dúplex. Nos matriculamos en la Vernon City School y empezamos a asistir a clase con nuestros primos que ya vivían allí. Era común que los niños del vecindario fueran juntos a la escuela, ya que muchos de nosotros éramos parientes o conocíamos a las familias de los demás. Sin embargo, esta vida escolar estable no duró mucho.

Cuando mi hermana alcanzó cierta edad, ella y yo empezamos a acompañar a nuestros padres a trabajar en los campos agrícolas de EE. UU. Se convirtió en una rutina anual para nuestra familia viajar de ida y vuelta entre México y Estados Unidos. Empecé a trabajar en el campo a los diez años y medio. Nuestros viajes a Estados Unidos consistían en recoger uvas, fresas y cebollas por temporadas. Hicimos este sacrificio como familia para poder continuar con la construcción de nuestra casa en México. Con el tiempo, mi padre compró más casas, pero finalmente las vendió sin ofrecernos nada a cambio.

Durante esos días, el dueño agrícola le decía a mi madre que me bajara el sombrero para que los inspectores no sospecharan que yo era una niña trabajando en el campo. Siempre permanecía cerca de mi madre, recogiendo la cosecha a su lado para protegerme de otros trabajadores agrícolas. Cada vez que viajábamos a Estados Unidos, mis estudios se veían interrumpidos y me sacaban de la escuela. Esta interrupción constante afectó a mi educación. En México, asistíamos a una escuela católica con monjas en nuestro pueblo.

Sin embargo, mientras estaba en los Estados Unidos, a menudo me escondían para evitar que me inscribieran en la escuela. Hubo casos en los que me quedaba en el coche, incluso estando enferma, hasta que mis padres terminaban su trabajo. Encontrar empleo en el campo nunca fue un problema para nosotros porque teníamos parientes y mucha gente de nuestro pueblo que trabajaban como jornaleros agrícolas. Personalmente, la fugacidad de mis experiencias escolares dificultó el establecimiento de amistades o conexiones a largo plazo en los barrios. Mientras que mi hermano tuvo la oportunidad de quedarse en México y recibir una educación como mi padre insistió, como mujeres, mi hermana y yo no tuvimos la misma oportunidad.

La relación de mis padres era complicada, y esto nos quitó cualquier estabilidad que hubiéramos podido tener de niños. Había violencia doméstica en el hogar, lo que reforzó mi intolerancia hacia ella en mi propia vida.

Mi último viaje a EE. UU.

En 1978, a los veintiún años, tomé la decisión de trasladarme definitivamente a Estados Unidos. Las circunstancias que llevaron a esta decisión fueron difíciles. Mi padre nos había expulsado de nuestra casa de Tangancícuaro, a pesar de que todos habíamos contribuido a construirla. Aquella noche, nuestro padre llegó a casa y nos amenazó con hacernos daño antes de obligarnos a abandonar la casa. Yo ya trabajaba como secretaria y mi hermana también. Sin embargo, no teníamos adónde ir. Cuando nos dirigimos con mi tía, hermana de mi madre, para que nos diera cobijo en casa de mi abuela, nos dio la espalda y denegó nuestra petición. Entre súplicas le expliqué nuestra desesperada situación, pero ella respondió riéndose a carcajadas y diciendo: "¿No tuvieron ya bastante? Su abuela ya las ayudó mucho". Por desgracia, mi abuela había fallecido cuando yo sólo tenía dieciocho años. A pesar de que sus bienes debían ser heredados por mi tía y mi madre, mi tía, egoístamente, se quedó todo para ella. Fue en ese momento, ante tal rechazo e injusticia, cuando me decidí. Le declaré confiadamente a mi tía: “No te preocupes, mañana nos vamos a Estados Unidos a vivir allí permanentemente”. Ella me miró con asombro, incapaz de creer que nos embarcaríamos en semejante viaje por nuestra cuenta.

A mi regreso, compartí con mi madre mi plan de pedir dinero prestado y marcharnos a Estados Unidos. Estaba claro que mi tía se había olvidado convenientemente de que éramos residentes legales allí. Por suerte, había una lugareña llamada Juanita que estaba dispuesta a prestarnos el dinero para nuestro viaje. Le prometimos que le devolveríamos el préstamo en cuanto pudiéramos. Juanita confió plenamente en nosotros y ni siquiera nos pidió documentación escrita ni pagarés. Incluso se ofreció a ayudar a mi hermano, que entonces estudiaba en Morelia.

Con el dinero prestado en la mano, mi madre, mis hermanas y yo emprendimos el largo viaje en autobús hasta Santa Ana, California. Alquilamos un pequeño dúplex que compartíamos con otra pareja que conocíamos. Para pagar el alquiler, los gastos básicos y saldar la deuda, empezamos a trabajar como jornaleras agrícolas. Era un trabajo físicamente exigente, pero estábamos decididas a cumplir con nuestras obligaciones.

Nos aseguramos de que mi hermana menor, nacida en Estados Unidos, no tuviera que trabajar en el campo. Insistimos en que fuera a la escuela y recibiera una educación, evitándole el arduo trabajo que nosotros habíamos experimentado. Para nosotros era importante que tuviera la oportunidad de un futuro diferente.

Fue un comienzo difícil para nosotras en Estados Unidos. Las cuatro compartíamos una cama individual y sin demorar, comenzamos a trabajar al día siguiente de nuestra llegada. A mi hermana menor la matricularon en la escuela y le dieron instrucciones estrictas de encerrarse en casa una vez acabaran las clases. Mientras tanto, mi madre, mi hermana y yo empezamos a trabajar en el campo, concretamente recogiendo fresas.

Nos organizamos con diligencia para poder pagar el alquiler, la comida y enviar dinero a casa para pagarle a Juanita. Al principio nos abstuvimos de comprar cosas innecesarias, pero a medida que nos íbamos asentando en nuestra nueva vida, conseguimos comprar un colchón adicional para que nuestra vivienda fuera más cómoda. Estábamos decididas a cumplir nuestros compromisos y en los tres primeros meses pudimos devolver el dinero que nos había prestado Juanita. Cuando mi tía se enteró de que habíamos abandonado Tangancícuaro, se sintió avergonzada por sus acciones anteriores. Sin embargo, nunca reveló a nadie que nos había dado la espalda cuando lo necesitábamos.

Yo tenía entonces veintiún años. Rosalía, mi hermana, tenía dieciocho, y Martita trece. Mi padre creía que llevaríamos una vida irrespetuosa. Nunca nos envió dinero ni se preocupó por nosotras. Sin embargo, esto no me sorprendió porque siempre había sido un padre distante. Cada vez que venía a trabajar a Estados Unidos, nos dejaba en México y le enviaba a mi madre 25 dólares al mes. Mi madre tenía que buscar la manera de mantenernos cocinando o cosiendo para otras personas para sobrevivir. Yo también ayudaba con pequeños trabajos, como hacer arreglos florales para bodas y peinar a las mujeres en ocasiones especiales. Más tarde, como secretaria, le daba todo mi sueldo a mi madre. Íbamos a Zamora y comprábamos comida en grandes cantidades. Nuestra madre era muy creativa para hacernos durar la comida y darnos variedad.

El trabajo en los campos de fresas es muy duro. Hay que agacharse todo el día, lo que provoca dolores en las rodillas y la espalda. Cuando llegábamos por la mañana, las plantas estaban mojadas por el rocío, empapándonos todo el cuerpo. La ropa se nos secaba poco a poco a lo largo del día. El trabajo empezaba a las 6 de la mañana y los turnos terminaban a las 4 de la tarde, a menos que aún hubiera luz para seguir trabajando. Las fresas hay que recogerlas antes de que maduren del todo. Cuando no quedaban fresas rojas, nos trasladaban a otros campos. Al principio, me dolía tanto el cuerpo que no podía ni sentarme. La recolección era continua, independientemente de la lluvia, el frío o el calor. En los campos, conocí a mucha gente de Michoacán y a algunos de El Salvador. La contratación de trabajadores se hizo principalmente de boca en boca entre familiares y amigos.

Aquel primer año, cuando la temporada de fresas tocaba a su fin, solicité un empleo como cajera en la tienda local Woolworth. Así tendríamos al menos una fuente de ingresos estable. Estábamos constantemente preocupados por nuestro hermano, que se había quedado estudiando en México. Yo sentía que todo iba bien. Como cajera, tuve la oportunidad de ascender a subdirectora. Disfrutaba atendiendo a los clientes y tuve la oportunidad de conocer a muchos profesionales en ese entorno. Sin embargo, cuando llegó el ascenso, yo ya estaba casada, y mi marido se puso intensamente celoso de que trabajara junto a los clientes.

Siempre estaba terriblemente molesto y celoso, y me obligó a dejar el trabajo. Él no quería que les avisara, pero me negué y presenté mi renuncia con mucho pesar.

Conocí a mi marido en los campos de fresas. Mi esposo se había cambiado tantas veces de nombre que estuve a punto de no casarme con él. Primero me dijo que se llamaba Ambrosio, luego Rafael, Francisco, y la última vez que lo vi se llamaba Luis. Me casé con Francisco, así que nunca supe su verdadero nombre. La mayoría de esos nombres pertenecían a familiares que tenían números legítimos de la seguridad social. Siempre vivió su vida con mentiras, incluso respecto a su propia identidad. Estuve a punto de cancelar la boda, pero mi madre estaba muy preocupada por lo que haríamos con todos los preparativos de la boda y los invitados.

Había tantas diferencias entre nosotros que, por mucho que lo intentara, era difícil mantener el matrimonio. Una de las principales diferencias era que él no era responsable a la hora de pagar las deudas y mantener un buen historial laboral. Tenía la costumbre de utilizar el crédito para comprar artículos sin devolverlos. En una ocasión, después de que él había salido, sucedió que a mí me empezamos a comprar algo que él adquirió a crédito: neumáticos para un coche. Querían embargarme el sueldo, y yo estaba muy disgustada porque estaba criando sola a mi hijo. Me parecía increíblemente injusto tener que pagar por su irresponsabilidad, incluso después de nuestra separación. Mi supervisor en el trabajo me aconsejó que solicitara una separación legal a un bufete de abogados local llamado Jacoby & Meyers. Este bufete me cobró 3.000 dólares por finalizar mi divorcio. Incluso tuvimos dificultades para entregarle los papeles del divorcio porque se negaba a abrir la puerta. Sus primos y todos a su alrededor lo protegían para que él no saliera. Sin embargo, una mujer del bufete consiguió entregarle los papeles mientras yo esperaba en el coche.

Como teníamos tarjetas de crédito conjuntas, empecé a separarle de mi crédito. Incluso después de nuestra separación, cargó 300 dólares en una tienda. Era originario de Epejan, un pequeño pueblo de Michoacán. Al principio, no me atraía porque tenía el pelo largo. Había dejado a mi novio en Tangancícuaro, pero mi madre se negó a darme las cartas que me había escrito. Nunca nos entregó nuestra correspondencia y supuse que mi novio se había olvidado de mí. Si hubiera leído sus cartas, no me habría relacionado con otra persona. Mi novio era una persona excepcional y llegó a ser director de banco. Más tarde, lo vi en el banco de Tangancícuaro donde trabajaba. Vio a mi hijo, pero para entonces ya estaba casado y tenía tres hijos. Hablamos del pasado y me dijo cuánto me echó de menos cuando me fui del país. Le expliqué que nunca había recibido sus cartas. Aquello me produjo un torrente de emociones encontradas, y sentí remordimientos cuando me contó que había seguido escribiéndome.

Adaptarme a la vida en Estados Unidos no me resultó especialmente difícil, ya que habíamos vivido aquí en múltiples ocasiones. Fueron las dificultades derivadas de trabajar en el campo y casarme con el hombre equivocado lo que lo hizo difícil. Al principio no me sentí atraída por mi marido cuando nos conocimos, debido a su pelo largo y su arrogancia. Vivíamos cerca de la iglesia del Pilar de Santa Ana y asistíamos a misa los domingos. A menudo nos veía a mí y a mi hermana, y tanto él como su hermano miraban en nuestra dirección. Al principio me pidió que fuera su novia, pero le dije que ya tenía novio en México. Sin embargo, persistió en perseguirme.

Un día nos invitaron a una barbacoa con su primo y otros trabajadores agrícolas. Después de eso, siguió persiguiendo mi atención. Al principio, las cosas no iban mal y él se comportaba bien. Empecé a tomarme la relación más en serio, aunque no creía que fuera el momento de casarme. Mi madre no me permitía tener citas. En vez de eso, nos quedábamos fuera y hablábamos un rato. Un día, su primo se acercó a mi madre en su nombre para pedir mi mano. Cuando trajo sus documentos de México para el proceso matrimonial, descubrí que se llamaba Rafael, no Ambrosio.

Un día, estando embarazada de siete meses, caminaba por la calle cuando volvía de casa de mi madre. Me sorprendió por detrás con su coche, tocando el claxon sólo para ponerme a prueba y ver si me daba la vuelta. Yo estaba muy disgustada porque no le había dado ninguna razón para sus celos excesivos. Durante ese tiempo, me confesó que había invitado a salir a otra chica. La única razón por la que lo reveló fue porque la chica a la que había pedido salir resultaba que me conocía a mí y a mi familia. Ella le enseñó una foto del día de nuestra boda y él temió que me lo contara. Me sentí muy avergonzada de que intentara engañarme con alguien de Tangancícuaro, mi ciudad natal. A partir de ese momento, nuestra relación se deterioró aún más.

Su hermano mayor sugirió que nos mudáramos a Santa María, California. El plan era que yo me quedara con mi madre mientras él y su hermano se iban a Santa María a trabajar. Su hermano mayor ejercía una gran influencia sobre los hermanos menores. Cada semana, pedía a sus hermanos que aportaran 50 dólares cada uno para mantener a su madre en México. Sin embargo, más tarde descubrimos que ella sólo recibía un total de 50 dólares porque él se quedaba con el resto.

Mi embarazo marcó un punto de inflexión en nuestro matrimonio. Una vez nacido el bebé, mi marido se puso muy celoso de la atención que yo le prestaba. Además, sus hermanos se involucraron demasiado en los asuntos de la casa. En una ocasión, su hermano mayor incluso amenazó con pegarme, pero yo nunca permití ese comportamiento por parte de sus hermanos. Nuestra situación también era difícil. Vivíamos en un estudio, y un día, sin previo aviso, cuatro de sus hermanos se presentaron en nuestra puerta, venidos desde Fresno. Entraron por la ventana y se pusieron cómodos, como si fuera su casa.

Me suplicó que nos mudáramos a Oxnard para distanciarnos de su familia. Sin embargo, no llevábamos ni dos semanas allí cuando volvieron a aparecer. Fue entonces cuando descubrí cocaína en los bolsillos de su pantalón, lo que explicaba su comportamiento errático y violento. Discutió conmigo, insistiendo en que cambiara mi nombre en mi tarjeta de residencia legal permanente. Esa noche, asustada e insegura, decidí dejarlo. Llamé a mi madre y le pregunté si conocía a alguien en Oxnard que pudiera ayudarme a transportar la cuna de mi bebé de vuelta a Santa Ana. Pronto llegó alguien a buscarme y, al salir, tuve la inquietante sensación de que me seguían. Su tío, que vivía en el piso de abajo, lo oyó todo y salió a despedirse de mí. En aquel momento, yo sólo tenía 25 años y mi hijo apenas dieciocho meses. Estaba segura de que no quería seguir viviendo la vida que mi madre había experimentado.

Ahora que mi hijo se ha hecho un hombre, siento un

inmenso orgullo por él y por todos los sacrificios que hice como madre soltera. Me llena de alegría verlo prosperar, sabiendo que lo crie sin ayuda de nadie más. Además, la hija de mi hermana está a punto de doctorarse, lo que demuestra la capacidad de las mujeres solteras para sacar adelante a sus hijos. Afrontando las dificultades, descubrimos a menudo una fuerza interior que no sabíamos que existía. Creo firmemente en el concepto del karma, según el cual las consecuencias de nuestros actos acaban por alcanzarnos si perjudicamos a los demás.

Siempre expreso mi profundo orgullo por mi hijo y sus logros. Mirar cómo construye un fuerte vínculo con sus dos hijas me produce una inmensa alegría. Me toca el corazón ser testigo de su estrecha relación, incluso mientras prosiguen su educación en la universidad. Adrián, mi hijo, es la fuente de mi mayor orgullo en la vida, y asumo de todo corazón, mi papel de abuela cariñosa de mis nietas. Me hace feliz saber que cuentan con el apoyo de su padre, y aprecio la confianza que depositan en mí. Hemos compartido momentos especiales juntos, asistiendo a conciertos y emprendiendo viajes. Entienden que soy alguien en quien pueden confiar y de quien pueden depender. Al igual que mi abuela dejó recuerdos entrañables, espero crear un impacto duradero y recuerdos entrañables para mis nietas en el futuro.

Los senderos de la vida suelen estar llenos de pasajes difíciles de cuantificar. De cara al futuro, mis oraciones están llenas de esperanza de que Dios bendiga a mi hijo con una relación fuerte y cariñosa con sus hijas. Mi deseo más profundo es que las trate a ambas por igual, apoyándolas en sus esfuerzos y ofreciéndoles nuevas oportunidades. Espero que reconozca y valore los sacrificios que hice para conseguir la casa en la que reside.

A lo largo de mi vida, he trabajado incansablemente, haciendo malabarismos con dos empleos, todo con el objetivo de proporcionar y crear un hogar. Esta casa tiene un gran significado para mí, ya que es un testimonio de mi dedicación inquebrantable y mi duro trabajo. Mi hijo es mi principal fuente de motivación y el motor de mi resistencia. No quiero que pase nunca por las dificultades que yo pasé, y mi mayor deseo es que lleve una vida llena de felicidad y prosperidad.

El recuerdo de la lucha de mi abuela cuando enviudó es otra poderosa inspiración para mi propia resistencia. Fue una auténtica emprendedora que se labró un camino para ella y su familia. A pesar de sus circunstancias, criaba cerdos, vendía naranjas y limones e incluso tenía un pequeño restaurante en su casa. Por las tardes, ponía a la venta sus tamales y otras delicias, y también ofrecía servicios de catering para fiestas locales. Sus logros como madre soltera ejemplifican la fuerza y el inquebrantable espíritu emprendedor de una mujer extraordinaria. Es un testimonio de que existen mujeres fuertes en todos los rincones del mundo, incluido Tangancícuaro.

Aunque Tangancícuaro siempre ocupará un lugar especial en mis recuerdos, California se ha convertido en mi hogar.

NELA REYES ARRUNATEGUI

Trujillo, La Libertad, Perú

La Libertad es la única región de Perú que abarca las tres regiones naturales del país: costa, selva y sierra. Fue la cuna de la cultura Mochica-Chimú, conocida por sus excepcionales habilidades en la pesca, la agricultura y la cerámica. La capital de la región, Chan Chan, fue la mayor ciudadela de barro de la América prehispánica y ha sido declarada Patrimonio de la Humanidad por la UNESCO.

Trujillo, la capital de La Libertad, goza de una ubicación estratégica muy cerca del punto en que la cordillera de los Andes se acerca más a la costa. Desde Trujillo, los Andes se presentan como una serie de colinas de baja altitud. A medida que se avanza hacia el este, hacia las provincias de Otuzco y Santiago de Chuco, la meseta andina gana altitud rápidamente.

Resiliencia

Emigré a los Estados Unidos desde Trujillo, Perú, una ciudad muy arraigada en la historia colonial española. Trujillo, ubicado en el norte de Perú, cuenta con una rica herencia indígena que es anterior incluso a la civilización incaica. Durante la época del Virreinato, Trujillo sirvió como un centro aristocrático para los colonizadores españoles que acumulaban riqueza a través de plantaciones de caña de azúcar y exportaciones comerciales. En un momento dado, uno de sus puertos desempeñó un papel fundamental en el envío de mercancías de la región a España.

Nací en la ciudad de Trujillo, en una vivienda humilde. Ambos de mis padres eran profesionales, plenamente dedicados a sus respectivas carreras. Mi padre trabajaba como dentista, proporcionando atención bucodental a la comunidad, mientras que mi madre se desempeñaba como educadora y farmacéutica. Inculcaron en mi hermano y en mí una fuerte base de enseñanzas religiosas y valores católicos. Mi educación tuvo lugar en las escuelas franciscanas, donde pasé una parte significativa de mis años formativos, moldeando el curso de mi vida dentro de esos entornos nutritivos.

Nuestra vida en casa era increíblemente agitada. Mi padre participó activamente en reuniones políticas afiliadas al Partido Democrático Aprista, que ocupa un lugar importante en la historia de la ciudad y en los acontecimientos transformadores que dieron forma a nuestro país. Cuando era niña, recuerdo vívidamente la profunda participación de mi padre en este movimiento político. Los líderes de la rebelión asociada con el partido se reunían en la casa de mi abuela, impartiendo un sentido de idealismo político que influyó fuertemente en la educación de mi padre. Durante este período, mi abuela atendió a los rebeldes heridos, ofreciéndoles comida y suministros esenciales mientras se reunían. Después del levantamiento civil en 1932, mi padre emergió como una figura prominente y un líder dentro del partido. Sin embargo, debido a los conflictos que rodeaban la formación del partido, nuestra familia a menudo tenía que ocultar nuestro paradero, ya que mi padre enfrentaba persecución. Mi madre se opuso firmemente a su participación en la política porque afectaba nuestra seguridad. Sin embargo, mi padre dijo: *"Estoy luchando ahora porque quiero que mis hijos coman pan libremente en el futuro"*. A través de los años, la reputación de mi padre como dentista creció inmensamente, ganándole gran respeto dentro de la comunidad. Además de su práctica dental, asumió activamente funciones de liderazgo en numerosas organizaciones y defendió diversas causas. Destacadamente, se desempeñó como concejal de la Municipalidad de Trujillo, contribuyendo a la gobernabilidad y desarrollo de nuestra ciudad. Más tarde, incluso ocupó el estimado cargo de vicealcalde, consolidando aún más su compromiso con el servicio a la comunidad y haciendo un impacto positivo en su progreso.

En mi niñez, me crie en un ambiente católico, con una madre cristiana que tenía ideas por delante de su tiempo. Ella se dedicó a educarme con los pies en la tierra. Mi madre me decía: *"No todo lo que brilla es oro, la vida te exigirá trabajar duro para conseguir lo que te has propuesto hacer"*. Rosita, era su nombre, una madre sabia, dulce y cariñosa, me recordó que las cosas están bien ahora, pero todo podía cambiar, y tuve que prepararme para ello. Durante mucho tiempo, disfrutamos de una agradable vida social en Trujillo, debido a la posición de nuestros padres en la comunidad. De hecho, mi padre me compró un caballo y paseábamos los fines de semana en el Club de Golf.

Sin embargo, mi madre insistió en que todo esto podría desaparecer algún día. Ella nos enseñó a apreciar todo lo que teníamos, y a ser agradecidos, ya sea un pedazo de pan rancio o un manjar. A menudo decía: «Lo que más importa son tus valores: ser humilde, respetuoso, generoso y carismático». Éramos dos hermanos, Luis, que estudiaba biología, y yo derecho. Éramos tan cercanos, hasta que mi hermano partió al cielo en su juventud.

Mi formación jurídica me impulsó a reflexionar y analizar profundamente los problemas de injusticia social que presencié en mi entorno. Aunque nunca aspiré a participar directamente en la política, mi camino como abogada me llevó a apasionarme por empoderar a las personas educándolas sobre sus derechos fundamentales. Como mujer, observé con atención, la dura discriminación que enfrenta nuestro género y la cultura generalizada del machismo arraigada en diversos ambientes sociales, políticos y laborales. Me quedó claro que eran necesarios cambios significativos, ya que existía una grave falta de igualdad en cuanto a derechos y oportunidades.

Tuve el privilegio de trabajar para una organización sin fines de lucro dedicada a defender los derechos de las mujeres y los niños. Gracias a la valiosa formación de especialistas y a la riqueza de conocimientos adquiridos a través de lecturas extensas, logré una comprensión más clara de la sociedad y sus dinámicas. Este trabajo se convirtió en una experiencia increíblemente enriquecedora que impactó mucho mi vida. Me permitió presenciar mis sueños transformándose en realidad, ya que tuve la oportunidad de educar a las mujeres sobre su dignidad inherente, las protecciones legales y los derechos que poseían.

Mientras trabajaba en la organización sin fines de lucro, se me asignó la tarea de capacitar a mujeres que residían en comunidades aisladas en la región andina del Perú. Esta experiencia me expuso a la profunda tristeza, hambre e indigencia que experimentan estas poblaciones olvidadas que viven en zonas de extrema pobreza, como se señala a menudo en los informes analíticos. Fue durante este tiempo que me di cuenta de que no podía quedarme en los límites de una oficina. Mi profesión tenía el potencial de hacer una diferencia tangible en la vida de las comunidades plagadas de injusticias. Fue la oportunidad perfecta para llegar a ellos a través de diversos enfoques educativos, ayudándoles a familiarizarse con sus derechos y empoderándolos en el proceso.

Trujillo, aun en la actualidad, permanece profundamente arraigada en tradiciones ancestrales que perpetúan la opresión de la mujer. El Perú en su conjunto sigue operando dentro de un sistema social y político que defiende una cultura del machismo. Cualquier progreso en materia de protección y derechos de la mujer ha sido el resultado de las incansables luchas emprendidas por la mujer en el pasado.

Incluso, el antiguo código penal peruano contenía un artículo, en casos de violación en grupo, que permitía sorprendentemente a los violadores evadir el castigo si uno de ellos aceptaba casarse con la víctima. Este artículo implicaba que al casarse con la víctima, su honor sería restaurado, ignorando sus propios sentimientos y el crimen atroz cometido contra ella. Afortunadamente, gracias al movimiento por los derechos de la mujer y sus esfuerzos de promoción, esta disposición legal fue finalmente derogada, destacando la batalla por la justicia y la igualdad en curso.

Al crecer, lidié con el marcado contraste entre mi creencia en Dios y la profunda tristeza y sufrimiento que presencié en la vida de tantos individuos que encontré. Esta disonancia comenzó a plantear preguntas sobre mis propias creencias.

Durante uno de mis talleres sobre violencia familiar en la provincia de Huamachuco, ubicada en la sierra de la región de La Libertad, llegué equipada con hermosos folletos, gráficos informativos exhibidos en las paredes, y todos los conocimientos que había adquirido de los libros. Sin embargo, cuando empecé a hablar con estas mujeres, me di cuenta de que muchas de ellas eran incapaces de leer o escribir. Fue un momento de reflexión.

Cuando concluyó el taller, una de las mujeres habló diciendo: “Ahora que has hablado, es nuestro turno de hablar. Entendemos que la violencia familiar no se trata sólo de armas como rifles o machetes. Abarca todo lo que experimentamos”. En ese mismo momento, una mujer tuvo el valor de levantar su blusa y revelar las quemaduras calientes que le infligía el agua caliente. Hasta ese momento, no había reconocido su propia experiencia como un acto de violencia familiar. Creía que merecía un castigo por no satisfacer las expectativas de su marido. Abrumada por las emociones, comenzó a llorar, y todas las demás mujeres de la habitación lloraron.

En ese conmovedor momento, les pedí a todos que se pusieran de pie y formaran un círculo. Nos abrazamos, ofreciendo consuelo y apoyo a la mujer que había compartido valientemente su dolor. Poco a poco, comenzó a encontrar consuelo en medio del calor de nuestro abrazo colectivo.

Uno de los aspectos más sorprendentes de mi primer encuentro con mujeres fue la falta de preparación que había recibido de cualquier libro para tal experiencia. Estas mujeres deseaban una conexión tangible con la ley, una manera de «tocar» y «sentir» su esencia, y me encontré insegura de cómo facilitar esa conexión. En un intento de salvar esta brecha, pedí que me prestaran su sombrero, chal y cinturón. Mientras me adornaba con estos artículos, les recordé el propósito del sombrero de protegerse del sol y la habilidad del chal para proporcionar respiro del viento. Estos objetos, al igual que la propia ley, fueron diseñados originalmente para la protección, como la legislación contra la violencia familiar, que tenía por objeto salvaguardar a todas las personas involucradas.

Estoy agradecida a estas mujeres por impartirme una valiosa lección de abrazar experiencias de la vida real en lugar de confiar únicamente en conceptos académicos. A través de su guía, descubrí la importancia de sumergirme en la cultura local: bailar, compartir comidas y escuchar activamente su música. Llegué a entender sus luchas con el analfabetismo y el acceso limitado a la educación. Este encuentro tuvo un profundo impacto en mi vida, aunque acompañado de momentos de dolor. Transformó radicalmente mi visión y misión profesional, llevándome a adoptar un enfoque más humano, justo y compasivo. Nunca anticipé encontrarme con tales situaciones dentro de las comunidades aisladas de mi país, y aprecio profundamente las enseñanzas que recibí de estas experiencias.

Mi madre, Rosita, pensaba como yo. Sin embargo, nunca me dijo que hiciera las cosas a su manera. Las enseñanzas que me dio durante mi educación fueron muy impactantes porque me mostró pensamiento crítico a través de juegos y conversaciones. Sus palabras fueron: *¿Qué sientes cuando observas esas realidades? De ahí vienen los conceptos.* Sus valores marcaron mi vida. Fue una mujer con cuatro títulos profesionales: Farmacia, Educación, Antropología y Arte Dramático. Recuerdo sus palabras. Su único legado para mí fue su enseñanza de valores y que "nada debería impedirte conseguir lo que quieres". Ella me dijo, *"Tu madre se está graduando a los 70 años con el primer lugar en su generación, recuerda hija, que ni la edad, ni el pelo gris, ni las arrugas pueden detenerte, siempre avanzar, incluso si el camino se vuelve difícil, avanzar".* Esto se quedó grabado en mi mente y corazón, y cuando me siento decaída, recuerdo tanto a mi madre y ella me mantiene motivada.

En el año 2000 emprendí mi primera visita a los Estados Unidos. Inicialmente, viajé a este país para hacer turismo y para visitar amigos, haciendo viajes posteriores antes de finalmente decidir que fuera mi hogar. Para mantenerme en este nuevo ambiente, conseguí mi primer trabajo como ama de llaves en el Holiday Inn. Mientras limpiaba diligentemente las habitaciones del hotel, los recuerdos de los innumerables libros que había devorado durante mis años universitarios inundaron mi mente. Reflexioné sobre el valor práctico que esos libros tenían para mí en ese momento. A pesar de la disparidad entre mis actividades académicas y mi ocupación actual, me esforcé por apreciar y encontrar cumplimiento en mi trabajo, ya que proporcionaba apoyo financiero mientras navegaba la vida en una tierra extranjera.

Trabajar como ama de llaves del hotel exigía una atención meticulosa a los detalles e implicaba mano de obra físicamente exigente, una salida de mis experiencias anteriores. Ajustarme a las exigencias de este arduo trabajo fue un desafío para mí. Finalmente, concluí mi visita y regresé al Perú. Sin embargo, no fue hasta más tarde en la vida que conocí y me casé con mi esposo en California, marcando un hito significativo en mi viaje personal.

Después de mi estancia en los Estados Unidos, regresé al Perú y comencé a relacionarme con organizaciones sin fines de lucro y sus causas sociales. Esta experiencia resultó ser increíblemente enriquecedora, ya que me permitió obtener un análisis sociocultural exhaustivo del país. Observé cómo ciertas leyes no se adaptaban a las circunstancias difíciles que enfrentaban los miembros más vulnerables de la sociedad.

Mi trabajo consistió, en su mayoría, en ayudar a las comunidades empobrecidas de los Andes peruanos, una tarea que encontré profundamente satisfactoria. Se puso de manifiesto la falta de aplicación de las leyes en esas zonas, debido, en gran medida, a las altas tasas de analfabetismo entre la población local. Para transmitir eficazmente conceptos de protección y derechos, aprendí a asociarlos con elementos tangibles. Artículos simples como abrigos, mantas y techos se convirtieron en poderosos símbolos en mi comunicación con las mujeres locales.

Trágicamente, descubrí que muchas de las mujeres con las que trabajé consideraban que recibir maltrato físico de sus parejas era una norma. En la región andina del Perú persistía la creencia de que «si un hombre me golpea, es porque me ama». Esta perspectiva profundamente arraigada necesitaba ser desafiada y transformada. Durante una década, me dediqué a la causa dentro de una organización sin fines de lucro, trabajando incansablemente para promover la educación y empoderar a estas comunidades. Desafortunadamente, debido a los recortes presupuestarios, yo y cinco de mis colegas fuimos cesados de nuestras posiciones, poniendo fin a nuestra labor tan dedicada.

Cuando dejé el puesto, sentí un fuerte impulso de seguir creciendo, lo que me motivó a cursar una maestría en antropología social, con un enfoque específico en género, sexualidad y derechos humanos. Estos estudios resultaron invaluables para profundizar mi comprensión de las experiencias que las mujeres, incluyéndome a mí misma, navegan a lo largo de nuestras vidas. Produjeron una profunda transformación en mis conceptos, valores y percepción del mundo, liberándome de las ideas rígidas y dogmáticas inculcadas durante mis estudios de Derecho. En cambio, fomentaron dentro de mí una perspectiva guiada por la justicia social. Coincidiendo con este período de crecimiento personal, la vida introdujo otro cambio significativo: mi esposo.

Conocí a mi esposo por primera vez durante una de sus visitas a Lima, donde residía su familia. Desde el momento en que nos conectamos, hubo una afinidad innegable entre nosotros, y continuamos entablando conversaciones frecuentes. Sin embargo, pronto regresó a los Estados Unidos, y después de un breve período, me invitó a visitarlo en California. Fue durante esta visita que nuestra relación floreció y tomamos la decisión de casarnos.

La transición a mi nueva vida en California resultó ser excepcionalmente desafiante. Me sentí abrumada por un profundo sentimiento de tristeza. Aunque mi esposo ya había pasado una cantidad considerable de tiempo en este país, todo se sentía completamente nuevo para mí. Afortunadamente, tuve la oportunidad de conocer nuevos amigos que me brindaron un apoyo inestimable y me ayudaron a navegar por las dificultades de este sistema extranjero. Aunque creía que estaba adecuadamente preparada para manejar los desafíos de adaptarme a un entorno tan diferente, pronto descubrí que no estaba tan equipada como había pensado inicialmente.

Durante esos momentos, a menudo experimentaba una profunda sensación de soledad y confusión. Sentí como si nadie comprendiera verdaderamente la inmensa tristeza que me consumía, derivada de perder a mis seres queridos en casa. Para combatir la soledad, frecuentemente entablaba conversaciones telefónicas con mis padres, buscando consuelo y la fuerza para aguantar. Las lágrimas se volvieron un compañero familiar durante esos tiempos difíciles.

A la edad de 41 años, ya había tenido la suerte de viajar a varios países como Brasil, Costa Rica, México y Chile. Sin embargo, Estados Unidos marcó mi primera experiencia de vivir fuera del Perú. Durante mi estancia en California, encontré ciertos contratiempos a la hora de obtener mi residencia en este nuevo país. A menudo me sentía abrumada por mi falta de comprensión y conocimiento sobre los procesos y sistemas existentes. La barrera del idioma representó un obstáculo significativo mientras luchaba con una comprensión limitada del idioma inglés. Si no hubiera sido por la increíble gente que conocí en el camino, me habría sentido completamente perdida y aislada en este ambiente desconocido. Su bondad y apoyo proporcionaron una luz, ayudándome a navegar a través de lo que de otra manera habría sido un viaje desconcertante.

A pesar de los desafíos iniciales que enfrenté, gradualmente descubrí que Estados Unidos era, de hecho, un país notable, lleno de abundantes recursos y oportunidades. Entre estos recursos inestimables estaba la biblioteca, que me sirvió de santuario. Fue dentro del ambiente acogedor de la biblioteca que aprendí primero sobre clases de inglés, cursos de alfabetización informática y centros de recursos comunitarios.

Uno de esos centros, el Centro de Recursos del Parque Manzanita, resultó estar convenientemente ubicado cerca de mi casa. En poco tiempo, me convertí en voluntaria en el centro. Esta oportunidad me permitió interactuar con otras mujeres y sumergirme en la diversa gama de servicios y apoyo brindados allí. El centro se convirtió en un centro crucial para mí, ofreciendo amplia información sobre lo que realmente significaba vivir en los Estados Unidos. A través de su guía, obtuve una comprensión integral de los diversos programas sociales disponibles y participé activamente en cursos que fomentaron mi crecimiento y desarrollo personal. Tareas simples como abordar un autobús con cambio exacto, cruzar semáforos y adherirse a otras normas sociales locales no eran familiares para inmigrantes como yo. En nuestros países, estas prácticas no se aplicaban. Incluso los gestos como estrechar la mano de alguien mientras mantenía el contacto visual sostenían el significado social que yo desconocía. Al igual que cualquier persona que inmigra a un nuevo país, los procedimientos legales involucrados en el cambio de estatus migratorio resultaron ser inmensamente desafiantes.

Uno de mis primeros trabajos en California fue cuidar niños. Al mismo tiempo, asistí a la escuela para tomar clases de inglés, aunque con frecuencia se interrumpieron debido a mi trabajo de medio tiempo con el fin de ayudar a mi esposo con nuestros gastos domésticos. Más tarde, conseguí empleo en una tienda de Dollar Tree, seguida de

RIA ENVIA. Lamentablemente, se produjeron reducciones de personal, lo que llevó a que se pidiera la salida de varios de nosotros. También asumí trabajos relacionados con la limpieza de alfombras y la limpieza de casas. Adicionalmente, utilicé mis habilidades para crear postres peruanos y llaveros artesanales usando semillas naturales que traje del Perú, que vendí. Durante todo mi tiempo en California, mi aspiración era trabajar para empoderar a las mujeres, una búsqueda que había perseguido en Perú. Participar en el Instituto de la Mujer resultó ser una experiencia maravillosa para mí. Proporcionó un sentido de renovación al encontrarme con mujeres que enfrentaban circunstancias similares a las mías. En algunos casos, soportaron dificultades mucho mayores, pero estar en su compañía fue inmensamente beneficioso para mí.

Mi esposo trabajaba para una organización sin fines de lucro que coordinaba actividades para niños en Perú. Allí también conocí gente que se convertiría en grandes amigos, dándome apoyo y estímulo para adaptarme más al país.

Soporté mi soledad, alimentada por la anticipación de visitar a mis padres en Perú cada año. No fue sólo el apego a ellos, sino más bien el anhelo de amor, apoyo y rejuvenecimiento lo que me impulsó. En una ocasión, mi madre vino a California por varios meses, y esos fueron meses verdaderamente maravillosos, llenos de un profundo sentido de apoyo. La presencia de valiosas amistades actuó como pilares firmes a lo largo de mis últimos años en California. Sus palabras de aliento e inspiración me impulsaron hacia adelante. A estos amigos de México, Colombia, Guatemala, El Salvador y Perú, les expreso una inmensa y sincera gratitud. Eran como hermanas para mi alma.

Debido a que me enfrenté a tantos desafíos, sufrí de ansiedad, hipertensión arterial y estrés. Me sentía sola sin mi familia. Con el tiempo, tanto mi esposo como yo comenzamos nuestros caminos separados hasta el punto de separarnos de una manera amistosa y cordial.

Aunque mi inglés era tan básico, me comprometí con el objetivo de convertirme en ciudadana estadounidense. Dediqué cuatro meses a aprender y memorizar todo el examen de 100 preguntas en preparación para mi nombramiento. En mi clase de ciudadanía en el Fullerton College, la maestra pidió a mis compañeros de clase que rezaran por mí, ya que creía que no estaba completamente preparada. Estos gestos de empatía y bondad fueron las razones que me sostuvieron a lo largo de mi viaje. Aunque erré una pregunta, aprobé con éxito el examen en mi primer intento. A lo largo de esos cuatro meses, estudié diligentemente por la noche, escuché las grabaciones de prueba en mi coche y me concentré únicamente en aprobar el examen. Era un reto personal que me había planteado para probar mis capacidades. Además, me enfrenté a la tarea de obtener mi licencia de conducir y navegar por las autopistas de Los Ángeles y Orange County. Un maravilloso amigo cubano me proporcionó entrenamiento, guiándome por las carreteras y calles de la ciudad. Este logro me hizo sentir más autosuficiente y más feliz. Fue otro hito en un país que se presenta como una superpotencia mundial.

Aunque de vez en cuando anhelaba mi patria, Perú, descubrí oportunidades increíbles en California. Me matriculé en varios cursos, incluyendo cursos de certificación sobre violencia doméstica. A pesar de ser impartidos en inglés, aprobé exitosamente los exámenes debido a mi familiaridad con la terminología legal de mi formación en mi país de origen. Un aspecto que apreciaba de California era la rica representación de numerosos países. Explorar diferentes cocinas étnicas me proporcionó conexiones sociales. California es una esfera de individuos de todos los rincones del mundo, y esta diversidad es otra forma de riqueza que posee. Tu mente se expande más allá de las tradiciones culturales, costumbres y creencias. Una vasta y diversa gama de perspectivas la enriquece, haciéndola excepcionalmente cautivadora y convincente.

Mi regreso a Perú

En 2013, tomé la desafiante decisión de regresar a Perú. Fue una elección difícil, ya que gradualmente me estaba ajustando a la vida en los Estados Unidos. Sin embargo, la decisión también me llenó de alegría, ya que significaba reunirse con mi hogar y amigos. Era plenamente consciente de que había trabajo exigente esperándome, ya que esencialmente estaría empezando de cero. Sin embargo, lo acepté como otro desafío vital. En el fondo, sabía que estaba de vuelta en mi tierra natal, donde pertenecía.

A medida que pasaban los meses, gradualmente noté que ciertas costumbres en mi ciudad se habían vuelto desconocidas para mí. Por ejemplo, cruzar la calle cuando el semáforo estaba en rojo, tirar la basura en cualquier sitio, o que no exista un esquema para tirar la basura, y la falta de limpieza en las calles. También observé que los coches a veces ignoraban a los peatones que cruzaban la carretera, y la puntualidad no siempre se mantenía en las reuniones programadas. Se hacían promesas, pero no siempre se cumplían, y parecía haber una falta de responsabilidad general por aspectos importantes de la convivencia social.

Estos eran rasgos que no había presenciado en la misma medida en los Estados Unidos. Sin embargo, en medio de estas observaciones, también experimenté la calidez de las amistades y la familia, y la alegría de disfrutar de la deliciosa cocina peruana a diario. Se sentía como una recompensa bien merecida, ya que la comida era increíblemente deliciosa.

Redescubrir la comodidad de mi hogar sirvió como fuerza motriz para seguir avanzando. Sin embargo, no podía ignorar el hecho de que estaba en un país diferente con notables deficiencias económicas, lo que a menudo causaba frustración y descontento dentro de mí. Me encontré constantemente comparando el modo de vida y la falta de adhesión a las reglas, lo que me hizo darme cuenta de lo difícil que es producir un cambio sistémico en una sociedad que ha perpetuado los mismos errores durante siglos. Introducir ideas para el cambio de culturas más avanzadas resultó ser difícil. Otra observación que hice fue que vestir bien, particularmente en la ropa de la marca americana, tenía gran importancia para los individuos en sectores de alto estatus. Les proporcionó un sentido de prominencia, especialmente en los cargos ejecutivos. La sencillez de la vida en los Estados Unidos contrastaba marcadamente con lo que presencié. Norteamérica es un país muy práctico, incluso cuando se trata de emociones y sentimientos. Este aspecto, en particular, me conmocionó, ya que luché para comprender el aparente desapego con el que a menudo se manejaban los asuntos.

Mis redes de apoyo

A mi regreso al Perú, experimenté una sensación de

estar a la deriva inicialmente. Hubo cambios notables en las leyes, nuevos códigos y un sistema judicial en evolución. Como alguien con antecedentes legales que aspiraba a reanudar mi profesión, se hizo evidente que necesitaba familiarizarme con las últimas actualizaciones y cambios legales. Requería un esfuerzo integral para mantenerme actualizada y adaptarme al paisaje legal transformado.

Durante este período de transición, tuve la suerte de contar con colegas de apoyo que me guiaron y me motivaron a reengancharme con ciertas cuestiones importantes. Un amigo mío me presentó la oportunidad de ser voluntaria y eventualmente trabajar en un proyecto llamado «Justicia en tu Comunidad», dentro del sistema judicial. Este proyecto se centró en educar a los niños, adolescentes y sus familias sobre sus derechos. Era un espacio donde me sentía como en casa, ya que me permitía combinar mi pasión por la ley con mi deseo de tener un impacto positivo. El programa incluía teatro educativo, e incluso mi madre tuvo la oportunidad de participar en varias presentaciones sobre temas en los que había trabajado anteriormente durante mi tiempo en una organización sin fines de lucro en Perú hace años. Fue una experiencia satisfactoria ver los temas que me importaban ser abordados a través de este proyecto significativo.

Reconociendo la necesidad de actualizar mis habilidades y conocimientos en mi campo, tomé la decisión de inscribirme en cursos de actualización. Esto me permitió profundizar en temas relevantes y sumergirme gradualmente más en el ambiente profesional. Junto con mis estudios, continué recibiendo apoyo y motivación de mis antiguos colegas, quienes extendieron sus manos de ayuda y me animaron a seguir progresando. Con la asistencia de uno de esos colegas, conseguí un trabajo temporal en la Oficina del Defensor del Pueblo. Las tareas asignadas resonaron particularmente bien conmigo, ya que involucraron educar a los estudiantes en las instituciones educativas sobre sus derechos. Este papel se alineó con mi pasión por enseñar y promover la conciencia de los derechos, y encontré gran satisfacción en el trabajo que se me confió.

Comparación de ambos países

Cada país tiene su encanto y sus diferencias. El problema surge cuando los viajeros emprenden sus viajes con grandes expectativas e ilusiones, sólo para encontrarse incapaces de cumplirlos. Desconocer el idioma, desconocer el funcionamiento de las organizaciones estatales y desconocer la cultura social y civil son factores que pueden plantear desafíos. La experiencia de desarraigo cultural que uno siente al salir del país de origen para vivir en otro lugar es innegablemente difícil. Para mí era como si mi cuerpo estuviera dividido, con la mitad en Estados Unidos y la otra mitad en Perú.

Después de haber vivido en los Estados Unidos durante 10 años, tuve la oportunidad única de comparar diferentes estilos de vida y descubrir los positivos que cada país tenía que ofrecer. Durante este tiempo, me reté y experimenté crecimiento personal en varias áreas. Logré metas como convertirme en ciudadana estadounidense, aprobar con éxito el examen de licencia de conducir y completar cursos de inglés enfocados en especialidades como Violencia Doméstica. Además, me ofrecí como voluntaria en un Centro de Recursos Comunitarios y tuve la oportunidad de trabajar temporalmente en un Centro de Justicia. A lo largo de este viaje, el dolor de la adaptación me empujó a buscar nuevos caminos, y fue en estos caminos que me encontré con ángeles en forma de amigos. Creo que Dios me abrió puertas, guiándome por el camino.

Comparto un verso del cantautor argentino Facundo Cabral, quien interpreta claramente cómo es un migrante en otro país. "No soy de aquí ni soy de allá, no tengo edad ni futuro y ser feliz es mi documento de identidad, sólo hay una raza: la humanidad; una religión: el amor; hay un lenguaje: el corazón; hay un Dios - y él está en todas partes"

Planes a futuro

Surgen nuevos y emocionantes proyectos y planes para mí, ya que reconozco la necesidad de una intensa capacitación en diversas áreas para abordar los problemas sociales en el Perú. Para contribuir a esta causa, mis amigas y yo hemos establecido una organización sin fines de lucro llamada TARINAKUY, que se traduce como «Juntos todo es posible» en quechua. Estamos trabajando activamente en proyectos innovadores para lograr un impacto positivo. Simultáneamente, continúo mis cursos de inglés en línea y sigo una formación especializada en Derechos de la Mujer, profundizando mi experiencia en este campo. Además de mi compromiso con el cambio social, también estoy explorando iniciativas empresariales. Planeo montar un Airbnb en mi casa, ofreciendo una experiencia única y acogedora para los viajeros. Además, mi pasión por la elaboración de postres se ha convertido en un pequeño negocio, permitiéndome compartir mis deliciosas creaciones con otros. De muchas maneras, me considero una ciudadana estadounidense que reside en Perú, salvando la brecha entre ambos países tanto física como espiritualmente.

Irene Martínez

RUBÍ GALLARDO

La Angostura, Guerrero, México

La Angostura es un pequeño pueblo en México. Se encuentra ubicado en el municipio de Ayutla de los Libres en el estado de Guerrero, en el sur del país, a 280 km al sur de la capital Ciudad de México.

La Angostura está a 739 metros sobre el nivel del mar y el número de habitantes es de 883. El clima de sabana prevalece en la zona. (Wikipedia).

Nací el 3 de marzo de 1975 en La Angostura, Guerrero, México. Al crecer, experimenté la vida en una granja en lugar de en un pueblo o ciudad. Nuestra granja estaba situada aproximadamente a 45 minutos de la ciudad más cercana, El Ticui, en Guerrero. Vivir en una granja ofrecía una experiencia maravillosa, ya que la naturaleza nos rodeaba dondequiera que íbamos.

Mi infancia estaba llena de una belleza increíble, en gran parte debido al fuerte vínculo dentro de mi familia. Nuestros padres, que siguen viviendo en Ticui, eran personas increíblemente trabajadoras. Nos inculcaron valores importantes y sirvieron de modelo a través de sus propias acciones. Soy una de los diez hermanos, siete hermanas y tres hermanos.

La Angostura se caracteriza por un canal que atraviesa, acompañado de exuberantes campos de mangos y cocos. La región experimenta lluvias durante mediados de mayo, octubre y noviembre. El clima es constantemente caliente, lo que requiere el uso de hamacas y otros métodos para encontrar respiro del calor.

A pesar de los modestos medios de nuestra familia, nuestro padre nos motivó a trabajar diligentemente en la tierra. Desde muy joven, a partir de los cinco años, participamos activamente en el trabajo agrícola junto a los hombres de los campos. Nuestro padre se centró en criar ganado y sembrar cultivos. Incluso como una de las mujeres más jóvenes de la familia, tuve que contribuir con mi parte de trabajo duro. Nunca tuvimos el privilegio de experimentar lo que era poseer juguetes o muñecas durante nuestra infancia.

Trabajar en los campos involucró una serie de tareas, incluyendo la preparación de tierras como limpiar malas hierbas, fertilizar el suelo, sembrar semillas y eventualmente cosechar los cultivos. Nuestro padre cultivaba principalmente frijoles en nuestra tierra. A pesar de ser niñas, participamos activamente en el trabajo exigente. Hacíamos recolección de cultivos y el cuidado de las tierras de cultivo. Cuidar de los animales era otra responsabilidad que teníamos. Aprendimos a ordeñar las vacas y cada tarde, las llevábamos a pastos ubicados a 20 a 30 minutos de distancia. Poseíamos los conocimientos y habilidades para atender tanto a la tierra como al ganado.

Además de nuestras tareas agrícolas, también éramos responsables de las tareas domésticas. Antes de irnos a la escuela, nos despertábamos alrededor de las 5:00 a.m. para preparar café, moler harina de maíz y preparar comidas. Más tarde, mi madre proveía alimento para los trabajadores contratados que ayudaban a mi padre durante el día. Dependiendo de la época del año, mi padre empleaba hasta ocho trabajadores, y mi madre se aseguraba de que todos fueran alimentados y atendidos.

A pesar de la ausencia de riqueza material, mi infancia se llenó de alegría debido a la estrecha conexión con la naturaleza. Tuvimos que ser creativos e ingeniosos, haciendo nuestras propias planchas usando barro. La falta de juguetes no causó ningún trauma porque encontramos felicidad en los placeres simples. Nuestros juegos giraban en torno a montar en las espaldas de los terneros, jugar al escondite con los perros, y disfrutar de actividades como montar a caballo y nadar en el lago.

Los fines de semana tenían un tipo diferente de aventura, ya que cargábamos leche en nuestros caballos y viajábamos a la plaza del pueblo para venderla. Nuestra rutina diaria estaba centrada en el trabajo constante, ya que el cuidado de los animales exigía dedicación continua y trabajo duro. A pesar de los desafíos, la inmersión en la naturaleza y el sentido de propósito derivado de nuestras responsabilidades trajo un sentido de cumplimiento y satisfacción.

Mi padre es Domingo Gallardo, y mi madre Sabina Díaz. Se conocieron en Acapulco, Guerrero y llegaron a vivir a La Angostura para construir una casa. Nuestros padres nos inculcaron los valores de respeto y amor a la familia y al prójimo.

Mi padre criaba cerdos para que cada año pudiera celebrar una fiesta, invitando a nuestros vecinos a unirse a nosotros y proporcionándoles carne. Aún hoy, nuestros padres siguen ayudando a otros, y yo sigo sus pasos. Contribuyo a la iglesia y al centro comunitario, que se dedican a ayudar a los necesitados. Ofrezco cualquier ayuda que pueda, sin esperar nada a cambio.

En mi último cumpleaños, unos amigos vinieron a mi casa y me sorprendieron con una fiesta. En mi pueblo natal, apoyé y animé activamente a la gente a echar una mano a los necesitados.

Además de inculcar una fuerte ética de trabajo en nosotros, mi padre siempre destacó la importancia de convertirnos en profesionales o adquirir formación profesional. Nuestros padres nos animaron a seguir la educación y la automejora. Desde que mi padre creció como huérfano, su aspiración era darnos más oportunidades en la vida.

Aunque no asistí a la universidad, estudié Cosmetología. De mis hermanos, ocho obtuvieron certificados vocacionales, mientras que dos obtuvieron títulos universitarios y se convirtieron en maestras. A pesar de nuestros diversos caminos, nuestra familia sigue siendo extraordinariamente unida, y ninguno de nosotros lucha contra el alcoholismo. Este es un testimonio del ejemplo puesto por nuestro padre.

Como hermanas, todos elegimos conscientemente parejas que no se complacían en beber o fumar. Creemos que esto sirve de ejemplo apropiado para nuestros propios hijos también.

Han pasado diecisiete años desde la última vez que regresé a mi ciudad natal. Durante este tiempo, se han producido ciertos cambios en la localidad, como el desarrollo de carreteras, el acceso al agua y la introducción del pavimento. Sin embargo, el lugar donde residí en la granja permanece intacto y sin cambios.

Actualmente, hay tres hermanos que residimos en California, mientras que el resto sigue viviendo en Guerrero. Uno de mis hermanos ha obtenido la condición de residente permanente legal en los EE. UU. En cuanto a mí, tengo un hijo de diecisiete años que nació aquí en los Estados Unidos, y también tengo un hijo de veintiocho años que me acompañó desde Guerrero. Una vez que mi hijo menor cumpla los veintiún años, tendrá la capacidad de solicitar mi residencia permanente legal. Cada día me esfuerzo por proveer a mis hijos y llevar una vida satisfactoria.

Durante mis años de escuela en el pueblo local, me enfrenté al desafío del acoso escolar. Esto se debió principalmente a mi estilo distinto de vestir y mi falta de conocimiento sobre ciertas cosas, ya que mi familia no tenía acceso a la televisión en casa. Mientras las chicas del pueblo cercano veían telenovelas y estaban más informadas sobre los tiempos modernos, yo continuaba jugando con los chicos que bajaban de los campos agrícolas. Por consiguiente, no tenía muchos amigos en la escuela.

Mi rutina diaria involucraba asistir a la escuela y luego regresar a casa rápidamente. Nunca se nos permitió asistir a fiestas o ver películas. A las ocho de la noche, se esperaba que estuviéramos en la cama, y nos levantábamos temprano, alrededor de las cinco de la mañana, para ayudar en la cocina. Nuestras comidas consistían en todo lo que cultivábamos en nuestra tierra, asegurándonos de que fueran saludables y frescas. A menudo comparto historias de mi infancia con mi hijo, enfatizando que la felicidad no requiere una abundancia de posesiones materiales.

Mi padre me dejó incontables recuerdos preciados. Él siempre nos aconsejaría trabajar diligentemente para nuestro futuro y asumir la responsabilidad de lo que ganamos. A lo largo de nuestras vidas, nunca nos faltó un techo sobre nuestras cabezas, comida en nuestra mesa o acceso a los medicamentos necesarios. Mi madre, por otra parte, nos animó a mantenernos activos y ocupados, a la vez que enfatizó la importancia del descanso cuando nuestros cuerpos lo necesitaban. Como resultado, encuentro consuelo en pasar tiempo en casa y mantenerme.

Residí con mis padres hasta la edad de dieciocho años, cuando me casé. Conocí a mi esposo en el pueblo local, donde vivíamos temporalmente debido a la inquietante ola de secuestros que ocurría en nuestra zona. Aunque nuestro padre nos permitió tener novios, insistió en que los lleváramos a nuestra casa. Fuera de la casa, a nuestros novios se les permitía visitar durante horas específicas, y a las nueve de la noche, se nos exigía estar dentro. A pesar de vivir en El Ticui, el pueblo cercano, no se nos permitía asistir a fiestas o festividades. Nuestro padre mantuvo una mano firme cuando se trataba de disciplina, y mi madre se aseguró de que sus reglas fueran cumplidas.

Mi madre poseía una naturaleza profundamente sumisa como esposa. A lo largo de mi infancia, nunca fui testigo de ninguna discusión entre mis padres. Aunque siempre nos sentimos amados y protegidos por ellos, no recuerdo que mi padre expresara afecto hacia mí. El recuerdo de abrazos de cualquiera de mis padres sigue siendo esquivo. Sin embargo, demostraron su amor por nosotros a través de diferentes medios y gestos.

Curiosamente, entre mis hermanas, soy una de las pocas que expresa abiertamente mi amor a mis hijos a través de abrazos y besos. Es una manera para mí de transmitir el afecto y la ternura que siento que faltaba en mi propia crianza.

Vida en matrimonio

Después de casarme, residí en El Ticui durante doce años antes de mudarme a California en 2005. Durante los diez años iniciales de nuestro matrimonio, me consideré una mujer dichosa. Sin embargo, mi esposo se fue por dos años a California, y durante ese tiempo, viví sola con mi hijo y trabajé incansablemente. Cuando regresó, nuestra relación tuvo una recesión. Su tiempo en California parecía haberle cambiado, ya que comenzó a consumir alcohol excesivamente.

Mientras tanto, yo tenía tres trabajos desde mi casa para mantenerme a mí y a mi hijo. Participé en actividades como cortar el cabello, vender alimentos y diseñar hamacas, que eventualmente me permitieron comprar mi propia casa. Con el tiempo, tomé la decisión de divorciarme de mi esposo. Sólo tres meses después del divorcio, salí de mi casa mientras mi marido permanecía allí. Mi intención era expandir mi tienda de vuelta a casa y quizás regresar algún día. En ese momento, mi hijo tenía once años.

A los seis meses de mi llegada a California, mi ex exposo falleció trágicamente, dejando a mi hijo y a mí envueltos en dolor. A pesar de nuestro divorcio, fue una experiencia inmensamente dolorosa tanto para mí como para mi hijo. Ese año, mi hijo tuvo que soportar la pérdida de su casa, su familia, y la muerte prematura de su padre.

Antes de ir a California

Antes de venir a California, residí en El Ticui, Guerrero. Mi intención inicial de venir aquí era ampliar mi tienda de comestibles en mi pueblo natal. Mi plan implicaba trabajar y ahorrar dinero durante mi estancia en los Estados Unidos, con el objetivo de regresar dentro de dos años. Aunque llegué sin ningún incidente trágico, es importante señalar que yo era indocumentada en ese momento.

A mi llegada, me quedé en casa de mi hermana. Ella es dueña de un salón de belleza, e inmediatamente empecé a trabajar junto a ella. Dado que ella poseía una licencia de Cosmetología, me convertí en su empleada. Sin embargo, el idioma inglés ha presentado desafíos para mí cuando se trata de trabajar en otras industrias o campos.

Después de llegar a California, mi hijo se enfrentó a numerosos retos, como aprender un nuevo idioma, adaptarse a diferentes normas y costumbres culturales y lidiar con el dolor de perder a su padre. Fue un periodo difícil para los dos. Sin embargo, hice esfuerzos para apoyarlo durante este tiempo. Aprendí a conducir y llevé a mi hijo a terapia para ayudarlo a so brellevar su bienestar emocional.

Un año después de nuestra llegada, tomé la decisión de casarme con alguien que había conocido en el salón de belleza. Ahora que lo pienso, creo que las circunstancias jugaron un papel en mi decisión. En ese momento, necesitaba un sentido de protección y seguridad que me faltaba. Pude ver la tristeza en mi hijo debido a la multitud de cambios en su vida, que me impulsaron a buscar ayuda para él.

Mi hijo tiene veintiocho años y se ha convertido en un individuo excepcional. Estoy orgullosa de la persona en la que se ha convertido. Mientras tanto, mi hijo menor tiene quince años. Su padre y yo nos separamos hace siete años, una decisión que fue difícil para mí enfrentar. Por consiguiente, he sido madre soltera desde que mi hijo menor tenía nueve años.

Apoyar a mis hijos no ha sido un desafío significativo para mí, pero mantener mi propio bienestar emocional ha sido una lucha a veces. Durante los primeros años de separación, experimenté momentos de depresión donde lloraba silenciosamente. Sin embargo, he hecho progresos significativos desde entonces. Dos factores que han sido fundamentales en mi viaje son mi fe y asistir a talleres de automejora. Estas experiencias me han ayudado a imaginar un futuro positivo para mí y me han permitido conectarme con grupos de mujeres, lo cual ha sido un empoderamiento. Mantenerme comprometida con la comunidad ha jugado un papel crucial en el levantamiento de mi ánimo.

La iglesia ha jugado un papel significativo en la formación de mi hijo y mi propia vida. Mi hijo participa activamente en las actividades de la iglesia, encontrando propósito y cumplimiento a través de su participación. De manera similar, mi compromiso en la iglesia me ha permitido servir a otros, lo cual ha sido personalmente gratificante.

Mientras estaba casada, continué trabajando en el salón de belleza, proporcionando apoyo para el desarrollo de mis hijos. Durante todo mi tiempo en este país, el idioma inglés ha seguido siendo una barrera para mí. Después de residir aquí durante seis años, tomé la decisión de trabajar desde casa, cosa que sigo haciendo. Actualmente, vendo productos de Princess House y gestiono un equipo de consultores. Esta modalidad me permite trabajar desde la comodidad de mi propia casa. Además, vendo tamales para complementar mis ingresos. Aprovechando mis conocimientos de ventas, utilizo Facebook y WhatsApp para promocionar mis artículos de Princess House, permitiéndome estar conectada con clientes potenciales. Ser autosuficiente me llena de orgullo y es un logro.

Sin embargo, mis dos hijos aprendieron rápidamente a hablar inglés en un corto período de tiempo. Como persona conservadora, no me aventuro a salir a menudo. Echo de menos las tradiciones religiosas y las fiestas de mi pueblo natal. Las festividades al aire libre durante el agradable clima de diciembre tienen un lugar especial en mi corazón. También anhelo los meses de verano cuando podía nadar en los ríos y conectarme con la naturaleza en mi país de origen. Afortunadamente, mis padres siguen vivos, y continuamos la tradición de reunirnos para una cena de Nochebuena, apreciando esos momentos juntos.

He estado residiendo en California durante diecisiete años, principalmente en el área circundante del Condado de Orange. Antes de regresar a mi país, me gustaría disfrutar de más experiencias de viaje. Es mi aspiración volver a casa y llevar una vida independiente y liberada. A menudo siento que en este país, trabajamos exclusivamente para cubrir nuestros gastos de vida, mientras que ya tengo una casa en mi pueblo natal. Además, no deseo convertirme en una carga para mis hijos aquí. No tengo planes para entrar en otra relación, ya que me imagino siendo autosuficiente y no dependiente de nadie. Una vez que mi hijo menor se independice, tengo la intención de seguir mi plan de irme. Encuentro alegría en ser soltera, ya que me permite dedicar más tiempo a mis hijos.

Mi hijo mayor es un individuo excepcional. No se dedica a fumar ni a beber, y cada vez que sale con amigos, siempre se asegura de informarme de su tiempo de regreso esperado. Su comportamiento responsable me trae gran comodidad y seguridad.

Mi fuerza para avanzar

Desde mi llegada en 2005, mi fe y mis hijos han sido mis principales fuentes de apoyo en este país. Sirven como la fuerza motriz detrás de todo lo que hago. Mi hijo mayor, que es el único hijo de mi primer matrimonio, y yo compartimos una estrecha conexión. Tiene un lugar especial en mi corazón. Aunque mi hijo menor tiene un padre, su papel es principalmente el de proveedor. Como su madre, mi responsabilidad es seguir impartiendo los mejores valores y sentando ejemplos positivos. Él todavía confía mucho en mí, y me esfuerzo por cumplir mis deberes maternos con la mejor de mis habilidades.

Estoy esperando pacientemente la conclusión de la educación universitaria de mi hijo menor en este país. Mi plan actual es regresar a mi país de origen en aproximadamente cinco años, sin importar si mis hijos se casan. Como mi hijo menor es ciudadano estadounidense, tendrá la libertad de visitarme cuando lo desee. De manera similar, en el futuro, mi hijo mayor puede buscarme a su antojo. Estoy decidida a no ser una carga para mis hijos y priorizar el mantenimiento de mi independencia. Mis padres viven actualmente solos en su propia casa, a pesar de tener familiares cerca. Dejar mi hogar en México fue una decisión difícil, pero tengo la aspiración de volver a ella y recuperar mi sentido de independencia.

Reconozco que no me he adaptado completamente a este país debido a mis limitados conocimientos de inglés. A pesar de ser capaz de generar ingresos, mi límite en el idioma sigue ahí. Sin embargo, aprecio las oportunidades de servicio que existen aquí. Trabajar con Princess House no sólo me ha proporcionado una fuente de ingresos, sino que también me ha ayudado a desarrollar mis habilidades sociales. Además, mi participación en el centro comunitario y los servicios eclesiásticos ha servido como otras vías a través de las cuales me he comprometido más socialmente. Mientras que las barreras del lenguaje pueden persistir, he encontrado maneras de contribuir y conectar con otros de maneras significativas.

Venir a este país durante una fase específica de mi vida ha demostrado ser útil. Me ha proporcionado experiencias valiosas, incluyendo la bendición de tener otro hijo y la oportunidad de sumergirme en una cultura y forma de vida diferente. En mi pequeño lugar de origen, el entorno social era limitado, y ciertas cosas como poseer un coche parecían sueños lejanos. Sin embargo, estar aquí ha hecho realidad tales aspiraciones. He encontrado nuevas oportunidades y adquirido conocimientos valiosos en el camino.

Al regresar a mi pueblo natal, mi intención es participar activamente en la iglesia local y contribuir a ayudar a los ancianos. Nuestra familia tiene la misión de ayudar a los necesitados dentro de nuestra comunidad. En cuanto a lo que queda por delante en el futuro, sólo Dios lo sabe, y estoy ansiosa por abrazar lo que me espera con un corazón abierto.

Es mi mayor deseo que mis hijos entiendan que su madre nunca se rindió, independientemente de los desafíos que enfrentó. Quiero que sepan que, a pesar de mis limitadas habilidades en inglés, nunca me di por vencida o sucumbí a momentos difíciles. Mi objetivo principal es proporcionar el mejor futuro posible para mis hijos. Aunque son libres de seguir cualquier carrera que deseen, es importante que entiendan que las dificultades son una parte inevitable de la vida. Cuando se enfrenta a la adversidad, uno nunca debe permanecer derrotado o atrapado en un agujero profundo.

A lo largo de mi vida, me he encontrado con dos desafíos significativos debido a las dificultades de mis divorcios. Sin embargo, mis hijos han presenciado de primera mano cómo he logrado levantarme de nuevo. Es crucial para ellos cultivar la automotivación, ya que no siempre pueden confiar en fuentes externas para el estímulo constante.

Espero inculcarles la importancia del impulso y la determinación personal como parte de su vida cotidiana.

ELVIRA FERNÁNDEZ

Cotija de La Paz, Michoacán, México

Cotija de La Paz se encuentra en el estado mexicano de Michoacán. El municipio tiene una superficie de 504,05 km2 (0,91% de la superficie del estado), y limita al norte con Jiquilpan y Villamar, al este con Tocumbo, y al sur con el estado de Jalisco. El municipio tenía una población de 18.207 habitantes según el censo de 2005. Su cabecera municipal es la ciudad de Cotija de la Paz (pbl. 12,453).

Resiliencia

Nací en Cotija de La Paz, Michoacán, tierra del famoso queso Cotija. En aquellos días, todos se conocían, y era un lugar pequeño, pero increíblemente hermoso, un típico pueblo de Michoacán. Cotija comparte su frontera con el estado de Jalisco, donde nació mi madre. Es una ciudad muy arraigada en la tradición, habitada por personas de buen corazón y religiosas que mantienen firmes sus costumbres. Mi familia tiene un pasado estricto y devoto, aunque demasiado para mi gusto personal. Somos una familia de doce, compuesta por diez hermanos y nuestros padres, que nos inculcaron fuertes valores y principios. Ahora, transmito estos mismos valores a mis hijas. Aunque nuestra ciudad no ofrecía una abundancia de actividades recreativas, encontramos felicidad en placeres simples.

En Cotija, una de las tradiciones más preciadas se reunía en la Plaza Central. Si un chico tenía interés en ti, te presentaba una flor, y si correspondías el sentimiento, te invitaba a tomar un café. Era una forma sana de coqueteo. Paseábamos por el quiosco, entablando conversaciones. No era raro que estas caminatas relajadas florecieran en asociaciones de por vida. Diciembre fue un mes lleno de numerosas fiestas y festividades. A partir de noviembre, los parientes que habían emigrado a Estados Unidos regresarían a Cotija para visitar a sus familias.

Durante esos momentos de alegría, los prósperos propietarios de una querida fábrica de chocolate en México, que eran originarios de Cotija, visitaban el pueblo. Organizaban generosamente reuniones, completas con músicos, y toda la comunidad se unía para deleitarse en las festividades. Dado que Cotija era una comunidad unida, conocíamos a todos, y había una fuerte sensación de seguridad y camaradería. El miedo era inexistente, y nuestras preocupaciones sobre la seguridad eran mínimas. Sin embargo, en nuestra casa, tuvimos un toque de queda, y se esperaba que volviéramos a casa a las 9:00 p.m. iglesia tuvieron lugar del primero al doce de diciembre.

Cotija está rodeada de bellos paisajes. A las dos de la tarde, todos tomamos una siesta. Después del almuerzo, la ciudad cerraba sus tiendas para la siesta hasta las cuatro de la tarde. Por las noches nos sentamos en la puerta de la casa para tejer.

Mi padre era dueño de un rancho, y después de la temporada de lluvias, nuestra familia se aventuraba al campo para fiestas de maíz y picnics. Disfrutaríamos del placer de hacer uchepos, deliciosos tamales de maíz. Estas salidas fueron realmente deliciosas, especialmente porque Cotija tenía la reputación de ser el hogar de chicas hermosas. Jóvenes de pueblos vecinos e incluso de Jalisco visitaban Cotija con la esperanza de vislumbrar a las damas locales. La gente de los pueblos circundantes era igualmente encantadora. Septiembre y noviembre fueron meses particularmente festivos, llenos de numerosas celebraciones. Sin embargo, nunca me interesé en los chicos de nuestro pueblo porque nos considerábamos familiares. Fue en otro pueblo, ubicado a unos veinte kilómetros de Cotija, donde conocí a mi esposo Mauricio.

Ya que era yo uno de los más jóvenes de la familia, no tuve que trabajar en los campos como lo hacían mis hermanos mayores. Siendo el décimo hermano, es justo decir que estaba un poco consentida. A medida que pasaban los años, mis hermanos mayores con el tiempo se fueron a los Estados Unidos, y solo regresaban a casa para visitarnos, aproximadamente, cada cuatro años. A lo largo de nuestras vidas, los diez hermanos sólo hemos logrado reunirnos como una familia completa una vez, lo que fue un acontecimiento verdaderamente raro. La diferencia de edad entre mi hermano mayor y yo era de dieciocho años, lo que resultó en que nuestras vidas fueran muy distintas y separadas entre sí.

Tengo recuerdos vívidos de haber presenciado tormentas con rayos que infundieron una sensación de miedo. El cielo se oscurecía, y en respuesta, mis padres recuperaban benditas hojas de palma y comenzaban a orar. A diferencia de sus hermanos, mi padre nunca hizo el viaje a los Estados Unidos. Prefirió atender a su ganado y trabajar en sus tierras de cultivo durante todo el año. En Cotija, era bastante común que la gente buscara empleo en los Estados Unidos debido a las escasas oportunidades de trabajo dentro del pueblo. El comercio local estaba predominantemente controlado por unas pocas familias, y era difícil para otros establecer negocios. Cotija cuenta con una rica historia que se remonta a sus fundadores españoles en el siglo XIX. En un momento dado, el pueblo prosperó económicamente. Sin embargo, se enfrentó gradualmente a un declive durante los períodos de disturbios civiles y la revolución.

Un hombre famoso, conocido como El Indio, era un bandido que robaba a la gente y violaba a mujeres. Quemó archivos y edificios de la iglesia en Cotija. Mi abuela dijo que escondieron a las mujeres en cuevas para protegerlas de este bandido y sus hombres. Por eso mucha gente huyó y se fue de allí. De hecho, esta es la razón por la que incluso los registros de nacimiento de mi madre fueron destruidos.

Durante la Guerra Cristera en México, Cotija enfrentó

un tiempo desafiante y tumultuoso. El ejército llegó a la ciudad y exigió que las mujeres les proporcionaran alimentos, agotando todos los suministros disponibles. Sin embargo, la situación empeoró cuando los rebeldes cristeros también llegaron y recurrieron a acciones similares, agravando aún más las dificultades para la gente del pueblo. Atrapados en medio de estas rivalidades, los residentes de Cotija experimentaron una inmensa dificultad. Según mi padre, la gente recogía lo que los bandidos dejaban para mantenerse, ya que se habían llevado todos los animales y los alimentos que quedaban. Fue un capítulo doloroso en la historia de la ciudad, lleno de lucha y privación.

En un lado más positivo, Cotija puede afirmarse orgullosamente como el lugar de nacimiento de individuos notables, como Rubén Romero, además de estar asociado con las familias de Cantinflas, el reconocido actor, y el asistente del presidente Benito Juárez. Estas ilustres conexiones se suman al rico patrimonio y significado cultural de la ciudad.

Cerca de Cotija, existe un pueblo donde los españoles trajeron a personas negras como esclavos durante la época colonial. Estas personas soportaron circunstancias duras y difíciles, y sus descendientes continúan viviendo en pueblos cercanas. Cotija en sí está poblada principalmente por mestizos, y la población indígena es relativamente pequeña en comparación. Las prácticas y celebraciones culturales del pueblo giran predominantemente en torno a las tradiciones de la Iglesia Católica, en lugar de las costumbres indígenas como el Día de Muertos, que son más prevalentes en las comunidades indígenas de México. La influencia de la colonización española y de la Iglesia Católica ha dejado un impacto significativo y perdurable en la cultura y tradiciones de Cotija, que aún se observan y celebran hasta nuestros días.

Cotija experimentó un declive y deterioro debido a ciertos acontecimientos históricos. Un factor significativo fue durante la campaña presidencial de Lázaro Cárdenas, cuando visitó la ciudad en busca de apoyo financiero. Dadas sus ideas izquierdistas, los residentes acomodados de Cotija no lo respaldaron, lo que hizo que el pueblo se perdiera su apoyo a la infraestructura y el desarrollo vial. Como consecuencia, muchos hombres de Cotija comenzaron a irse a Estados Unidos en busca de oportunidades de empleo. Este fenómeno de la migración para el trabajo se arraigó gradualmente en la cultura local, ya que la ciudad enfrentaba perspectivas económicas limitadas y luchaba por prosperar.

Cuando me casé con Mauricio, le dejé claro que no me conformaría con el papel tradicional de la mujer en nuestro pueblo que a menudo se quedaba atrás. Observé cómo los esposos se marchaban sin siquiera considerar las opiniones o los derechos de sus esposas. Se esperaba que las mujeres permanecieran en casa, dedicándose a actividades domésticas como tejer. Sin embargo, me di cuenta de que este arreglo era injusto. Muchas mujeres se casarían, y sus maridos se quedarían por un corto período antes de irse a los Estados Unidos, regresando sólo esporádicamente. Creía firmemente que esto era injusto para las mujeres. La emigración de hombres estaba tan extendida que cada jueves, un autobús salía de Cotija hacia Tijuana, la ciudad fronteriza de California. Otro autobús se dirigiría directamente a Texas. En consecuencia, los hombres jóvenes se interesaron menos en seguir la educación a medida que su meta principal se orientaba hacia la inmigración hacia los Estados Unidos.

En Cotija, hay escuelas federales y estatales disponibles. Sin embargo, los terratenientes ricos tenían una influencia considerable en la comunidad y propagaron la idea de que estas escuelas eran inadecuadas. Esto se debió principalmente a que preferían tener mano de obra barata y no apoyaban la educación de los menos privilegiados. En un entorno así, mi padre, como muchos otros, deseaba seguir una educación, pero sus padres desconfiaban del sistema escolar debido a la influencia de los ricos terratenientes. Como mujeres, no se nos apoyaba si queríamos estudiar, ya que comúnmente se creía que nuestro destino final era casarnos. La única forma de educación disponible para nosotros era corte y confección. Aunque personalmente no disfruté de estas clases, asistí como medio para escapar de los confines de mi hogar. Es costumbre que las mujeres vayan a esas clases en parejas o grupos, ya que ir solas no es recomendado.

Seguí mi educación primaria en una escuela religiosa, y terminé mis estudios de secundaria en casa. Durante mis años primarios, asistí al Colegio del Sagrado Corazón, que estaba dirigido por monjas. Estas monjas mantenían un horario estricto y enfatizaban la disciplina en nuestras rutinas diarias. Una de las prácticas regulares era confesar nuestros pecados todos los viernes. A medida que se acercaba el día, a menudo me preguntaba qué pecados podría confesar, mientras luchaba por pensar en algo significativo. En el mes de mayo, las monjas nos asignaban proyectos de punto o bordado para crear regalos para nuestras madres. Fue una tradición que nos permitió expresar nuestra gratitud y mostrar agradecimiento a nuestras madres durante esa época del año.

Mi abuela tenía afición por ir al cine, y sólo se nos permitía ir al cine si ella iba. Los sábados, nuestra familia emprendía una caminata a un rancho cercano para rendir homenaje a una Virgen amada. Mi madre tenía una profunda devoción a esta Virgen y emprendía una peregrinación descalza de nueve días, orando fervientemente por el bienestar de mis hermanos cada vez que partían hacia los Estados Unidos. Este viaje del sábado para visitar a la Virgen fue una tradición arraigada en la comunidad de Cotija, fielmente observada por sus residentes. Incluso hasta el día de hoy, cada vez que regreso a Cotija para unas vacaciones, hago un punto para visitar a la Virgen de San Juan, sosteniendo la conexión duradera con nuestras creencias y tradiciones espirituales.

Cuando visito Cotija, estoy abrumada de emociones, a pesar de no tener planes de regresar permanentemente. He construido una vida en California, con profundas raíces y conexiones aquí. Sin embargo, mi patria tiene un lugar especial en mi corazón. Cada año, cuando pongo un pie en Cotija, las lágrimas fluyen naturalmente por mi cara. El aroma familiar de mi infancia llena el aire al entrar en la misma casa en la que crecí. Es una experiencia poderosa entrar en la vieja habitación de mis padres, sintiendo un sentido de pertenencia y nostalgia. Aunque he abrazado una nueva vida en California, mi patria siempre tendrá un profundo significado para mí.

Mis padres siempre se mantuvieron unidos, viviendo juntos y proporcionándome lecciones de vida invaluables. Me inculcaron los valores de generosidad, absteniéndose de hablar mal de los demás, honestidad, disciplina, trabajo duro, y un temor reverente de Dios. Además, enfatizaron la importancia de respetar a los ancianos y no albergar mala voluntad hacia nadie. Mi madre ejemplificaba la disciplina preparando el almuerzo para mi padre a la misma hora todos los días. Viviendo en el campo, la gente trabajaba diligentemente y se adhería a una rutina de desayuno, almuerzo, comida y cena. Mis padres eran individuos de gran integridad y principios morales.

Sin embargo, a medida que crecía, empecé a cuestionar ciertos aspectos, como las ofrendas obligatorias de la iglesia. He desarrollado mi propio juicio personal sobre varios asuntos y sigo mi corazón en la navegación de estos temas. Aunque aprecio los valores que mis padres impartieron, también reconozco la importancia de la introspección y la formación de mis propias creencias.

A través del ejemplo, mis padres inculcaron sus valores en sus hijos. Nos reuníamos en familia para rezar el rosario, y mi madre decía a menudo: «Cuando la familia reza junta, permanecen juntos». He llevado a cabo esta tradición con mis propias hijas. Las mismas costumbres se mantuvieron en la casa de mis suegros también, donde se nos enseñó a través del poder del ejemplo.

No puedo recordar una sola instancia de mi madre o padre involucrados en chismes. Aunque tuvieron desacuerdos, nunca hubo violencia dentro de nuestra familia. Tuvimos la suerte de tener tales modelos positivos, particularmente en el ámbito de la ética del trabajo. Mi padre empezó a trabajar en el campo cuando tenía sólo cinco años. Tenía un inmenso amor por su rancho, sus campos y su ganado. Los vecinos a menudo le pedían que atendiera a sus animales porque se había hecho conocido como un veterinario experto, a pesar de nunca haber recibido educación formal en el campo. Incluso el veterinario del pueblo consultaba con mi padre cuando se encontraba con un animal enfermo. La experiencia de mi padre en el cuidado de los animales de la ciudad le ganó la reputación de ser el veterinario del pueblo.

Le enseñamos a mi padre a firmar con su nombre porque nunca aprendió a escribir. Sin embargo, se convirtió en el Secretario de la Ganadería Popular en nuestra ciudad. No estoy seguro de cómo logró todo lo que hizo, pero su honestidad e integridad lo respaldaron. Estoy inmensamente orgullosa de mi padre porque a menudo respondía por otros que necesitaban pedir dinero prestado. Su nivel de confianza era tal que la gente ponía gran fe en él. Todos en la ciudad lo conocían, y los jóvenes del pueblo lo respetaban profundamente porque nunca dudó en ayudar. La leche que vendía era famosa por su pureza, a diferencia de otros del pueblo que diluían su leche con agua. Sin embargo, la honestidad de mi padre siempre brillaba, ganándole un inmenso respeto de la comunidad.

Mientras reflexiono en mi viaje, me doy cuenta de que este país no me debe nada, ni le debo nada a cambio. Me enorgullezco enormemente del hecho de que no he venido aquí a llevarme ni a pedir limosnas. Mi esposo y yo hemos hecho sacrificios significativos para asegurar que nuestras hijas reciban una educación de calidad. Hemos contribuido criando ciudadanas responsables, hijas que han trabajado duro para prepararse para el futuro. Una de ellas se ha convertido en psicóloga, y celebramos los logros de otros niños de mi guardería también, como uno que ahora es Sargento.

Hemos traído los valores que nos inculcaron nuestros padres a este país. Estos valores a veces chocan con las diferencias culturales presentes aquí. Sin embargo, mis hijas han buscado y abrazado su propia identidad dentro de este país. Me esfuerzo por hacerlas sentir orgullosas de sus raíces y de las contribuciones que pueden hacer a los dos países. Mi intención es asegurar que comprendan la importancia de su patrimonio cultural y, al mismo tiempo, encontrar formas de integrar e influir positivamente en la sociedad de la que forman parte.

Les digo a mis hijas: «No dejen que nadie las vea menos, y nunca deben ver a nadie menos que ustedes, todos somos iguales». Les recuerdo que venimos de una raza fuerte; si los aztecas no pudieron dominar a los purépechas en Michoacán, es porque somos gente fuerte. Mi abuelo tenía un dicho que decía: «Podrías doblegarme, pero nunca romperme». Por lo tanto, debemos continuar. Nada es fácil. Si te caes, te sacudas y continúas yendo. Debemos ser mujeres fuertes, que contribuyan, que no se dejen vencer, ser mujeres creadoras y emprendedoras.

Cuando conocí a mi compañero

Conocí a Mauricio, mi marido, y se convirtió en mi primer novio. Fue un momento de amor a primera vista. Desde la primera vez que lo vi, sentí una conexión instantánea. Estaba vestido con pantalones de mezclilla y una sudadera verde cuando lo vi por primera vez en su pueblo. Nuestros caminos se cruzaron mientras mi tía estaba casada con uno de sus primos. Visitaban nuestro pueblo cada dos años, y mis padres nos permitían pasar dos días en su pueblo.

Mientras salía de misa un día, noté a Mauricio sentado en un banco, y me sentí inmediatamente atraída por sus ojos cautivadores. Parecía que el sentimiento era mutuo entre nosotros. Al día siguiente, estaba sentada con otro pretendiente, cuando Mauricio se acercó y le preguntó si yo era su novia. Para mi alivio, el pretendiente respondió: «No, ella es sólo una amiga». Aprovechando la oportunidad, Mauricio me pidió que bailara, y el domingo siguiente, nos volvimos a encontrar en Cotija. No teníamos ni dieciocho años en ese momento.

Después de ese encuentro inicial, las circunstancias nos mantuvieron separados por alrededor de un año. Sin embargo, a pesar de la distancia, nuestra conexión se mantuvo fuerte, y perseveramos. Nuestro noviazgo duró siete años, durante los cuales sólo nos veríamos los domingos. A pesar de los desafíos que enfrentamos, nuestro amor perduró, y aquí estamos hoy, todavía juntos.

Nuestro viaje ha estado lleno de altibajos, pero el fundamento de nuestro amor ha permanecido firme. Mauricio y yo hemos construido un fuerte vínculo que ha resistido la prueba del tiempo.

Durante el tiempo de nuestro noviazgo, asistí a un centro cultural donde aprendí sobre etiqueta, modales de mesa e incluso recibí clases de cocina. Pensé que era la cosa más ridícula del mundo, con excesiva atención al detalle en el uso de cubiertos y la colocación de la mesa. En aquel entonces, no comprendía plenamente su importancia, pero poco sabía yo que un día resultaría invaluable en otras partes del mundo.

Durante nuestros siete años de noviazgo, experimentamos varias rupturas. Es lamentable cómo los hombres pueden hacernos daño, incluso cuando son inocentes ellos mismos. Mauricio, como yo, era un joven e ingenuo. Me acompañaba a casa, pero nunca hasta la puerta. En una ocasión, nos separamos, y me quedé sentada en mi cama, con el corazón roto hacia Dios, tratando de darle sentido a lo que estaba sucediendo.

Después, mientras estaba en la plaza del pueblo con otro pretendiente, noté a Mauricio mirándome, visiblemente molesto. El domingo siguiente, se acercó a mí y expresó su deseo de reconciliarnos y estar juntos de nuevo para la vida. Dejó claro que se iría a EE. UU. y me escribiría cartas, siempre pidiendo matrimonio. Finalmente, me dio un ultimátum. Sabiendo que me llevaría a su pueblo más pequeño y aislado, le respondí diciéndole que no me dejaría sola si se iba a los Estados Unidos.

Mauricio, cargado de responsabilidades, ayudó a su padre envejecido y administró la tierra y el ganado de la familia. El peso de estas obligaciones descansaba sobre sus hombros. Diez meses después de nuestro matrimonio, mi hija Anahí nació cuando yo tenía 24 años. Sin embargo, todavía carecía de conocimiento sobre los anticonceptivos. Mauricio y yo emprendimos juntos un viaje de aprendizaje y crecimiento a lo largo de nuestras vidas.

A pesar de estar casado, el padre de Mauricio continuaba tratándolo como a un niño y le ordenaba como tal. Decidido a asegurar un futuro mejor, Mauricio viajó a los Estados Unidos con la intención de eventualmente volver por mí. En consecuencia, mi hija nació en Cotija. Cuando Mauricio regresó, decidimos que era hora de hacer el viaje a los Estados Unidos. Desafortunadamente, la obtención de una visa resultó ser un desafío. Como resultado, Mauricio siguió adelante y legalizó su residencia durante el período de amnistía.

Para facilitar mi entrada en los Estados Unidos, mi hermano hizo arreglos para que alguien me ayudara a cruzar la frontera con mi hija. Hice el traicionero paso fronterizo usando tacones y traje blanco hecho de algodón o lino. Completamente desprevenida e inconsciente de mi destino, me llevaron a una casa con otras personas al mediodía. Desde allí, atravesamos un agujero en la valla fronteriza. Confiscaron mis documentos, dejándome sólo con pañales para mi hija. Caminé tranquilamente frente a una camioneta de la patrulla fronteriza, sosteniendo a mi niña en mis brazos, vestida de blanco y usando tacones. Continué caminando y finalmente esperé a que alguien me recogiera en un restaurante en el lado de California. Mientras conversaba con una familia amable, alguien llegó para llevarme a mi destino. Sorprendentemente, tomó más tiempo localizar el apartamento donde Mauricio se alojaba que cruzar la frontera. ¡Fue un momento lleno de pura felicidad!

Viajamos en avión, y al llegar, me quedé en Oxnard con mi hermana. Abrumada por la gratitud, exclamé: «Me siento bendecida en este país porque desde que llegué, la felicidad ha llenado mi vida». En ese momento, mi hija Anahí tenía siete meses. Recibimos una invitación a una quinceañera, donde alguien nos animó a buscar la legalización de mi residencia.

Me llevaron a un campo de fresas para aprender sobre el proceso de recolección de fresas. Cuando llegó el momento de mi entrevista, me vestí a propósito de una manera modesta para pasar como trabajador agrícola. Para entonces, ya me había comprometido a recordar los pormenores de la cosecha de fresa.

Mauricio tenía más nostalgia de Cotija que yo. Él anhelaba volver para una visita, mientras yo encontraba satisfacción en California. Nos instalamos en un pequeño apartamento y descubrimos la verdadera independencia y libertad al estar casados y venir a California. Nuestra pequeña familia se convirtió en nuestra única responsabilidad, y ya no respondíamos ante nadie más que ante nosotros mismos. Esta nueva autonomía nos permitió tomar nuestras propias decisiones y vivir la vida en nuestros propios términos. Es por eso que disfrutamos de la alegría de viajar a varios destinos. Estar en Santa Ana, con su animada comunidad latina, y tener la oportunidad de visitar con frecuencia México, ayudó enormemente nuestra adaptación a nuestro nuevo país.

No experimenté ninguna dificultad para adaptarme; Me sentía tan cómoda como un pez en el agua. En mi mente, mi familia estaba compuesta por Mauricio y Anahi. Tengo un profundo afecto por mi hermoso y querido México, pero este país se ha convertido en mi segundo hogar. La comprobación de que me quedaría aquí ocurrió durante un viaje a Puerto Vallarta. Cuando regresamos y Los Ángeles salió a la vista, me encontré diciendo: 'Ya estoy viniendo a casa'. Fue entonces cuando entendí que pasaría el resto de mi vida aquí. Somos dueños de una casa en Santa Inez y otra en Cotija, Michoacán, para que mis hijas tengan un lugar donde quedarse cuando las visiten, pero no tenemos planes de instalarnos ahí permanentemente.

Haciendo de California mi hogar

Me aventuré en un viaje a California con nada más que sueños y mi bebé. Inicialmente, nos quedamos con mi hermana en Oxnard porque Mauricio no podía encontrarnos un apartamento. Sin embargo, nuestro objetivo era estar juntos, así que tan pronto como mi esposo aseguró nuestro primer apartamento, me uní a él en Santa Ana. Mi hermana me regaló mi primera licuadora, comúnmente conocida como molcajete mexicano, así como ollas para cocinar. Compramos una cuna para nuestra hija Anahí y una pequeña cama. Mauricio incluso elaboró un mueble para nosotros. Adornamos nuestro apartamento con las plantas que apreciaba. En ese momento, Mauricio trabajaba en la construcción, saliendo temprano cada día. Todos los viernes, cuando recibía su sueldo, abastecíamos el refrigerador de comida para la semana. Aunque no teníamos muchos amigos, éramos inmensamente felices. Nunca sentimos que nos faltara nada, a pesar de nuestras limitadas finanzas. Mientras tuviéramos suficiente para nuestros gastos básicos y para llevar a nuestra hija a McDonald's para jugar y caminar, nuestros corazones estaban contentos.

A pesar de que no teníamos mucho, nos aseguramos de que hubiera abundancia de comida y ropa para nuestra hija. Dimos prioridad a proporcionarle lo que necesitaba. Nuestro objetivo y misión compartidos permanecieron constantes: progresar y construir un futuro para nuestra hija y cualquier hijo futuro que pudiéramos tener. Estaba ansiosa por contribuir a nuestras finanzas y apoyar a Mauricio para ganar dinero. Durante la Guerra del Golfo, empecé a trabajar en una fábrica que producía camisetas de diseño. Durante los Juegos Olímpicos de Los Ángeles, diseñamos sudaderas, y me familiaricé con personalidades del deporte. Mientras tanto, Mauricio experimentó un despido y dependió de los subsidios de desempleo, pero buscó un trabajo estable. Finalmente, se aseguró un puesto en una empresa de electrónica, reconociendo la importancia de tener un ingreso consistente en lugar de un trabajo estacional. Debido a su excepcional inteligencia y diligencia, obtuvo un puesto permanente. En nuestro cuarto año desde que llegué, descubrí que estaba embarazada de nuestra segunda hija, Michelle.

Nuestro objetivo era asegurar nuestra propia casa para proporcionar seguridad a nuestras hijas. Nos mudamos a otro apartamento en Santa Ana, donde las chicas dormían en un dormitorio mientras dormíamos en la sala. Fue durante este tiempo que Nicole, mi tercera hija, nació. La urgencia golpeó cuando descubrimos que la casa en la que residíamos estaba programada para ser demolida. Sin embargo, la fortuna nos sonrió, ya que mi hija nos trajo suerte en nuestra búsqueda de una nueva casa. Con los diez mil dólares que habíamos logrado ahorrar, encontramos y compramos una casa, decididos a hacer el pago inicial completo nosotros mismos. Nuestro pago mensual de la casa ascendió a $1,300, el doble de la cantidad que pagamos en alquiler, estirando nuestro presupuesto, pero valía la pena para el bien de nuestro futuro. Insatisfecha con mi trabajo, busqué empleo en otra fábrica, donde dediqué siete años de mi vida. A pesar de no hablar inglés, me esforcé por demostrar mi valía. Presenciar mi aumento de salario por hora de $4.50 a $10.00 fue muy significativo, e incluso recibí bonos junto con mi salario para la programación de dispositivos USB. Mientras adquiría conocimiento valioso durante mi tiempo allí, me cansé de las políticas de la fábrica. Al final de cada mes, a menudo teníamos que trabajar hasta tarde, a veces hasta las tres de la mañana.

Comenzando mi guardería

Tenía un gran interés en el cuidado de los niños, y deseaba perseguirlo con la licencia adecuada. Un día, mi madre llegó a casa con folletos que había recibido en la iglesia sobre un programa que proporcionaba capacitación para obtener una licencia de Proveedor de Cuidado Infantil en Casa. En ese momento, mi hija menor, Nicole, tenía tres años. En un día en que regresé a casa del trabajo después de ser despedida, me senté en la sala, eché un vistazo alrededor, e hice una promesa a mí misma, diciendo, «Nunca dejaré que mi casa este así otra vez». Equilibrar las responsabilidades de criar a tres hijos mientras mantenía un horario de trabajo de tiempo completo, me hizo muy complejo seguir con las tareas domésticas como deseaba.

Al ver el anuncio del programa, no perdí tiempo en hacer una llamada e inscribirme. Comencé a asistir a clases y al mismo tiempo matriculé a mi hija en preescolar. Mientras aprendía los aspectos teóricos del cuidado de niños durante las sesiones de la tarde, fue en el preescolar de mi hija donde tuve la oportunidad de poner mis conocimientos en práctica. Ayudé activamente a la maestra, mientras atendía a los niños e incluso a la misma maestra. Mi tiempo en el Centro Comunitario Delhi, donde se impartía el programa, reveló un aspecto oculto de mí que no había reconocido previamente. Roberto Díaz, el coordinador del programa, jugó un papel importante en conectarme con numerosas personas, y hasta el día de hoy mantengo relaciones positivas con ellas.

Durante mi tiempo en el programa, tuve la oportunidad de compartir mi testimonio con otras estudiantes. Enfaticé que ser proveedora de cuidado infantil era un trabajo increíblemente exigente, en especial por la importancia de priorizar a la familia por encima de todo. Subrayé que no se trataba simplemente de buscar negocio, sino más bien de una vocación. Advertí a otros sobre los peligros potenciales de volverse demasiado ambiciosos si no eran cuidadosos. Al principio, hablar en público me ponía nerviosa, pero cuando hacía contacto visual con mi esposo, Mauricio, me di cuenta de que él también estaba nervioso, pero gratamente sorprendido al ver que me dirigía a una multitud. Comencé a cuidar de niños rurales que pertenecían a comunidades indígenas. Fue una experiencia única, ya que había cinco o seis niños que no hablaban español o inglés. Sus familias trabajaban en los campos. Sin embargo, descubrimos que tenían afición por la música y el baile. Las madres expresaron profunda gratitud por mi cuidado. En una ocasión, cuando un esposo vino a recoger a los niños, intentó pasarse de listo conmigo. En respuesta, lo puse firmemente en su lugar.

Una vez que nos establecimos, nuestro enfoque cambió hacia el ahorro para la educación de nuestras hijas. Con mis ingresos estables, no éramos elegibles para becas. Reservamos diligentemente $5,000 cada diez semanas, además de asignar $500 para libros y gastos de estacionamiento para la educación de nuestra hija mayor. Sin embargo, creemos firmemente que no hay inversión más valiosa que la educación de nuestras hijas.

Me inscribí en la universidad durante un semestre, acompañada de mi hija, para tomar una clase de laboratorio de desarrollo infantil. Fue una experiencia increíblemente satisfactoria participar en estudios prácticos de desarrollo infantil dentro de un entorno educativo. Aprendí el arte de observar el uso del lenguaje de un niño y su desarrollo de habilidades motoras burdas y finas. La satisfacción de recibir una buena calificación me llenó de inmenso orgullo.

Este negocio ha sido la piedra angular de nuestras vidas, proporcionándonos todo lo que tenemos. Con más de veinte años de experiencia, he estado en casa para mis hijas durante sus años de adolescencia. Siempre prioricé a mi familia, ya que el negocio pertenecía a todos y cada uno de nosotros. Mi esposo se hizo cargo del aspecto económico, mientras que mis hijas contribuyeron ayudando en el cuidado de los hijos. Les compensé por su ayuda y les permití estudiar en sus habitaciones cuando tenían exámenes. Nunca tuvieron que buscar empleo en otra parte. La estabilidad de poseer nuestra propia casa proporcionó una base sólida, y se hicieron los ajustes necesarios para facilitar el buen funcionamiento del negocio. Desde el comienzo de nuestra aventura, nunca me he encontrado sin niños para cuidar.

A lo largo de nuestro viaje, hemos demostrado constantemente excelentes habilidades de gestión financiera y una dedicación inquebrantable hacia nuestros objetivos. Siempre he enfatizado la importancia de la unidad cuando se trata de nuestro dinero, afirmando firmemente, «Es nuestro dinero, y somos un equipo». Creo que un matrimonio carente de confianza no puede prosperar, y el dinero, aunque es esencial, no debe ser la base de un hogar. Debemos priorizar la promoción de nuestros valores y fomentar nuestra relación más allá de las cuestiones financieras. Si una relación se basa únicamente en preocupaciones monetarias, está destinada a tambalearse. Aunque no me gusta especialmente tratar con las finanzas, he desarrollado una habilidad para ahorrar regularmente, que nos ha servido bien.

Mi vida ahora

En esta etapa de nuestras vidas, nuestro enfoque ha cambiado hacia el viaje. Hemos tenido la oportunidad de visitar numerosos países como Francia, Corea, Taiwán, España, Suiza, Italia y muchos otros, a veces volviendo a visitarlos. Sin embargo, nuestra lista de destinos deseados sigue creciendo, con Bélgica, Alemania, Inglaterra y Francia entre los lugares que aspiramos a explorar pronto. Viajar amplía nuestros horizontes y resalta el marcado contraste en la cultura del trabajo entre este país capitalista y otros. Aquí, se espera que trabajemos largas horas, mientras que en Europa, la gente se toma el tiempo para saborear la vida, a menudo pasando días de semana sentados en cafés y disfrutando de sus alrededores. No se preocupan por esperar su comida. Anhelo pasar tres o cuatro meses en Europa, sumergirme en el estilo de vida local una vez que se cumplan mis compromisos con mi hija pequeña. Me imagino sentada frente al Mediterráneo, abrazando una existencia relajada y serena. Incluso en México, donde el tiempo parece extenderse interminablemente, el ritmo de vida difiere. Allí, las mañanas comienzan más tarde, las comidas se comparten, las conversaciones se aprecian, y las noches se pasan con la familia. La distinción radica en que estos países priorizan un modo de vida más relajado, donde la gente trabaja menos.

Habiendo residido en California durante treinta y cinco años, he observado profundamente la evolución de la economía del país durante este tiempo. Es evidente que la economía, junto con otros desafíos como la drogadicción y diversas cuestiones sociales, se ha vuelto cada vez más compleja. Estos problemas multifacéticos requieren enfoques y soluciones integrales. Un aspecto crucial es la educación de los padres, abordando los valores fundamentales que se han erosionado o perdido en la sociedad.

Al centrarnos en la educación a nivel de base, podemos inculcar y reforzar valores esenciales en los padres, proporcionándoles las herramientas y la orientación necesarias para criar a individuos responsables, compasivos y bien formados. Empoderar a los padres con conocimientos y recursos puede tener un efecto amplio, influir positivamente en la próxima generación y contribuir a la mejora general de la sociedad.

Hay muchos factores que afectan nuestros problemas sociales porque hay padres que tienen dos o tres empleos. A veces, la ambición impulsa a la gente a perseguir la riqueza como su objetivo principal. Destinan una cantidad significativa de recursos a fiestas de cumpleaños extravagantes, incluso cuando la celebración es más para los adultos en lugar del niño cumpleañero. Es desalentador presenciar la considerable inversión realizada en la propiedad de un coche de lujo, mientras que las condiciones de vida de la familia pueden ser estrechas, limitadas a una habitación individual o un garaje. No comprendo el modo de vivir buscando un coche de lujo a cultivar una buena calidad de vida con la familia.

Recuerdo a una persona en especial, que obtuvo ingresos sustanciales cuidando de personas mayores. A pesar de su éxito económico, sólo tenía un hijo y deseaba proporcionarle las mejores posesiones materiales que el dinero podía comprar. Dedicó incontables horas a su trabajo, a menudo regresando a casa para encontrar a su hijo dormido junto a la ventana, esperando ansiosamente su llegada. Cuando su hijo llegó a sus veinte años, solicitó una motocicleta que trágicamente llevó a su prematura muerte. Esta historia sirve como un ejemplo conmovedor de los muchos casos donde los deseos de los niños no pueden ser cumplidos simplemente por medios monetarios.

Me parece desalentador cuando los individuos adoptan una mentalidad de víctima. Como inmigrantes, tomamos la valiente decisión de venir a este país con la intención de mejorar nuestras vidas, mostrando nuestra resiliencia. ¿Qué nos pasa a nuestra llegada aquí? Debemos abrazar los aspectos positivos tanto de esta nueva cultura como de la nuestra, combinando los dos para crear algo extraordinario. Aprecio los valores de la puntualidad, la disciplina y una perspectiva de futuro incorporada en esta cultura. Es innegable que este país ofrece amplias oportunidades. Si me preguntaras si he logrado el sueño americano, mi respuesta sería un rotundo "sí". Sin embargo, mi logro más significativo, el que realmente me hace sentir millonaria, es mi familia. Presenciar el cumplimiento y la felicidad de mis hijas es parte integral de mi sueño americano. He honrado mi compromiso con Dios y la sociedad, y sin dudarlo, afirmo que "valió la pena venir a California".

Me enorgullezco mucho de mi herencia mexicana, y estar en este país ha ampliado mi perspectiva de maneras profundas. Recuerdo haber oído una frase poderosa que resonó conmigo: "Hay personas que mueren a los treinta y las entierran a los ochenta". Me niego a ser uno de esos individuos que simplemente existe sin propósito. Estoy decidida a vivir verdaderamente esta vida. Es esencial tener metas y un camino claro hacia nuestro destino deseado. Sin acción proactiva, las cosas no nos llegarán simplemente. Debemos asumir la responsabilidad de nuestros sueños y trabajar activamente hacia ellos. Es a través de la intención y la acción que podemos crear una vida satisfactoria y significativa.

Uno de mis objetivos era tener una casa en Cotija. Sorprendentemente, una oportunidad se presentó cuando menos lo esperábamos. Nos encontramos con una antigua casa, que decidimos comprar y demoler para construir una nueva. No sólo logramos nuestro objetivo de tener una casa en Cotija, sino que también nos aventuramos a adquirir otra propiedad e invertir en tierras. Es importante recordar que las metas no siempre se materializan inmediatamente. A veces, se manifiestan cuando menos lo esperamos, presentándonos oportunidades inesperadas. Es esencial mantenerse optimista a las posibilidades y estar preparada para aprovechar el momento en que surge.

Estoy verdaderamente agradecida de que mi humilde vida sea parte de este libro. Hace 35 años, dejé Cotija en busca de un nuevo capítulo en nuestras vidas. Hoy, no puedo imaginarme sin mi marido, y de igual manera, no puede imaginar una vida sin mí. Tengo inmensa admiración por mi esposo, apreciando su inteligencia, paciencia y naturaleza cariñosa. Juntos, hemos hecho numerosos sacrificios, pero hemos logrado pagar nuestra casa, presenciar a nuestras hijas, graduarse de la universidad, y experimentar el crecimiento de nuestra familia. Si bien no estamos seguros de lo que nos depara el futuro, nos consolamos al saber que tenemos un lugar al que llamar hogar o regresar, incluso dentro de México.

Ahora planeamos comprar una casa móvil para que solo nosotros dos podamos viajar a través de este país. ¡Todo lo que tenemos nos pertenece a ambos y lo pasaremos viajando y disfrutando de la vida al máximo!

CONCLUSIONES

En los tiempos modernos, los países siguen experimentando conflictos y violencia, y por esta razón, millones de personas deben abandonar su patria. Cada generación experimenta la inmigración de manera diferente, lo que conduce al cambio social. Sin embargo, este cambio no siempre es negativo.

Este libro representa la culminación de muchos años de mi trabajo, dedicado a recoger lecciones y hermosos recuerdos. Tiene un lugar especial en mi corazón. Si hubiera podido, entrevistaría a las más de 1.500 mujeres que encontré en el Instituto de la Mujer, cuyas vidas son tan fascinantes como las nuestras.

La intención detrás de este libro es honrar a las mujeres inmigrantes latinas en los Estados Unidos. Sus viajes sirven como valiosos ejemplos de cómo nosotros, como seres humanos, nos esforzamos por una vida mejor. Cada historia nos proporciona una visión de sus luchas y triunfos mientras reconstruyen sus vidas en un nuevo país.

No soy una escritora, una erudita, o un poeta. Soy simplemente una mujer que celebra la resiliencia del espíritu humano. El libro que tienes en tus manos hoy marca el final de otro capítulo en mi propia vida. Después de años de activismo comunitario, he encontrado consuelo en el pacífico y tranquilo ambiente del desierto de California. Es aquí donde finalmente encontré el tiempo para recoger mis pensamientos y reflexionar sobre las contribuciones que he hecho para hacer de este mundo un lugar mejor.

A lo largo de mi vida, he sido testigo de numerosos cambios y la evolución de la tecnología. Esta tecnología nos ha permitido conectarnos con otros en todo el mundo. Personas de España, Venezuela, México y varias partes de Estados Unidos han participado en la creación de este libro. Han contribuido graciosamente con sus talentos y habilidades, trascendiendo fronteras para ayudarme a realizar mi sueño de conectarme contigo.

Sobre todo, la gracia y la apertura de las mujeres entrevistadas han hecho posible este libro. Sus voces resuenan a lo largo de estas páginas, asegurando que sus pensamientos y experiencias sean escuchados.

Todos tenemos nuestro propio viaje por delante, y en este viaje, dejamos nuestra propia marca.

www.ingramcontent.com/pod-product-compliance
Lightning Source LLC
LaVergne TN
LVHW010918110826
845149LV00013B/2407

* 9 7 8 1 9 6 1 0 8 3 0 9 7 *